_____ 님께

_____ 드림

날마다 쓰고 그리며 묵상한

초판 인쇄 _ 2019년 9월 20일

지 은 이 _ 김광효 오경제 이영웅
캘리그라퍼 _ 한미옥
표지디자인 _ 임세라
인쇄 제작 _ 명일인쇄
펴 낸 이 _ 심재성
펴 낸 곳 _ (주)카드들
      주 소 : 서울 동작구 상도로55길1 강현빌딩
      전 화 : 02)826-4868~9
      팩 스 : 0303-0691-4545
      이메일 : woodcard@naver.com
      홈페이지 : http://carddul.com
출판등록번호 _ 제25100-2016-000023

ISBN 970-11-958270-7-7 03230

책값은 표지 뒷면에 있으며 잘못된 책은 교환해 드립니다.
저자와의 협의아래 인지는 붙이지 않았습니다.

이 도서의 국립중앙도서관 출판예정도서목록(CIP)은
서지정보유통지원시스템 홈페이지(http://seoji.nl.go.kr)와
국가자료종합목록 구축시스템(http://kolis-net.nl.go.kr)에서 이용하실 수 있습니다.
(CIP제어번호 : CIP2019031566)

날마다 쓰고 그리며 묵상한

캘리바이블 365

김광효 오경제 이영웅/캘리그라퍼_한미옥

카드들

tl:dr(=too long, didn't read)로 사람들이 특히 학생들이 책을 읽지 않는 현상을 가리키는 이런 압축어가 대세인 요즘, 문자로 된 성경을 만화로 시각화하여 역동적이고 생생한 감동을 주는 <그래픽 바이블 The lion graphic bible>에 이어 이번에는 한글 멋 글씨가 돋보이는 <캘리 바이블 calligraphic bible>이란 장르가 등장, 심사숙고 선택 발췌 요점 말씀 구절만으로 문자 홍수 속에서 놓쳐버린 묵상을 아쉬워하는 독자라면 이 책이 성경 읽기에 유용한 동반자가 되어줄 것입니다.

강금희 교수 _ chretienne, prof de francais

성경은 오늘에 있어서도 그 사랑하는 사람들에게는 미래를 여는 창문이 되고, 어두운 세상에 살아가는 사람들에게는 빛(시 119:105)이 되며, 영적 싸움을 벌이는 사람들에게는 무기(엡 6:17)가 됩니다. 더욱 아름다운 그림언어로 재현시킨 『캘리바이블 365』은 하루하루 묵상하고 읽으면서 그 밋밋한 일상을 뛰어 넘어서게 하고 새로운 눈을 뜨게 하여 가려진 세계의 미세한 신비까지 읽어내는 영적 설렘과 울림을 맛보게 할 것으로 확신하여 일독을 권합니다.

조신권 _ 총신대 초빙교수/연세대 명예교수

삶을 그리 오래 산 것은 아니지만, 반백년 이상을 살아온 나에게 가장 위로가 되는 것을 꼽으라면, 여러가지 중에 성경이 아닐 수가 없습니다. 이 사실을 좀 더 일찍 깨달았다면, 지금의 나의 모습이 좀 더 나은 모습으로 하나님께 드려지지 않았을까라고 생각해보기도 합니다.

"캘리바이블365"를 보면서 , 성경본문 하나와 그 본문의 위로가 내 삶에 스며들어가는 것을 느끼게 해주었습니다. 그리고 그런 위로가 나의 매일의 삶에 있다면 , 나의 삶을 살피시고 위로하시는 하나님의 은혜가 나에게 아주 가까이 있음을 느끼게 해 줍니다. 녹록치 않은 시대를 살아가는 성도들이 "캘리바이블365"를 읽으며 하나님의 위로를 얻고, 성령 안에서 의와 평강과 희락이 있는 하나님 나라를 경험하길 소망합니다.

이관형 목사_내일교회 담임

차 례

모세오경/역사서

창세기 1:1 _ 12
창세기 2:3 _ 13
창세기 3:9 _ 14
창세기 6:8 _ 15
창세기 8:22 _ 16
창세기 12:2b~12:3 _ 17
출애굽기 3:4 _ 18
출애굽기 3:12 _ 19
출애굽기 3:14 _ 20
출애굽기 4:11 _ 21
출애굽기 6:26 _ 22
출애굽기 13:21~22 _ 23
출애굽기 14:2 _ 24
출애굽기 14:13 _ 25
출애굽기 17:14a _ 26
출애굽기 17:16 _ 27
출애굽기 20:2 _ 28
출애굽기 23:29~30 _ 29
출애굽기 31:18 _ 30
레위기 1:1 _ 31
레위기 19:2 _ 32
민수기 6:24~26 _ 33
민수기 7:9 _ 34
민수기 9:8 _ 35
민수기 11:23 _ 36
민수기 14:11 _ 37
민수기 18:7 _ 38
민수기 18:20 _ 39
신명기 4:7 _ 40
신명기 11:12 _ 41

신명기 23:5 _ 42
여호수아 1:9 _ 43
여호수아 5:12 _ 44
여호수아 13:1 _ 45
여호수아 14:12b _ 46
사사기 6:12 _ 47
사사기 6:13 _ 48
사사기 6:24 _ 49
사사기 7:2 _ 50
사사기 10:16 _ 51
룻기 2:12 _ 52
사무엘상 3:10 _ 53
사무엘상 7:12 _ 54
사무엘상 7:17 _ 55
사무엘상 12:20 _ 56
사무엘상 23:4 _ 57
사무엘상 24:19 _ 58
사무엘상 30:6 _ 59
사무엘하 5:5 _ 60
사무엘하 5:10 _ 61
사무엘하 7:18 _ 62
사무엘하 12:13 _ 63
사무엘하 12:25b _ 64
열왕기상 3:5 _ 65
열왕기상 5:4 _ 66
열왕기상 8:11 _ 67
열왕기상 19:7 _ 68
열왕기상 19:12 _ 69
역대하 29:36 _ 70
느헤미야 2:4 _ 71

시편/잠언

시편 1:1~2 _ 74
시편 2:12 _ 75
시편 3:5~6 _ 76
시편 4:8 _ 77
시편 5:3 _ 78
시편 8:1 _ 79
시편 15:1~2 _ 80
시편 16:11 _ 81
시편 18:1 _ 82
시편 20:1 _ 83
시편 23:1~2 _ 84
시편 23:6 _ 85
시편 24:1 _ 86
시편 27:1 _ 87
시편 28:7 _ 88
시편 29:11 _ 89
시편 33:1 _ 90
시편 34:8 _ 91
시편 37:4~6 _ 92
시편 39:7 _ 93
시편 40:1 _ 94
시편 42:11 _ 95
시편 46:1 _ 96
시편 50:23 _ 97
시편 51:10 _ 98
시편 51:17 _ 99
시편 55:22 _ 100
시편 57:7~8 _ 101
시편 62:5~6 _ 102
시편 65:4 _ 103

시편 73:25 _ 104
시편 84:11 _ 105
시편 90:10 _ 106
시편 91:14 _ 107
시편 95:6~7 _ 108
시편 103:1~2 _ 109
시편 107:28~29 _ 110
시편 110:3 _ 111
시편 113:3 _ 112
시편 115:12~13 _ 113
시편 119:9 _ 114
시편 119:71 _ 115
시편 119:97 _ 116
시편 119:165 _ 117
시편 121:1~2 _ 118
시편 127:1 _ 119
시편 131:2 _ 120
시편 133:1 _ 121
시편 146:5 _ 122
시편 150:6 _ 123
잠언 1:7 _ 124
잠언 3:13~14 _ 125
잠언 4:23 _ 126
잠언 14:31 _ 127
잠언 15:2 _ 128
잠언 16:9 _ 129
잠언 22:1 _ 130
잠언 22:6 _ 131
잠언 27:1 _ 132
잠언 27:17 _ 133

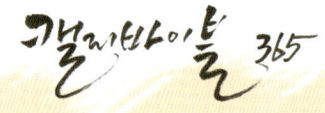

신약전서

마태복음 1:21 _136
마태복음 5:4 _137
마태복음 7:7 _138
마태복음 9:35b _139
마태복음 11:28 _140
마태복음 20:28 _141
마태복음 20:34 _142
마가복음 2:27~28 _143
누가복음 4:18 _144
누가복음 10:34 _145
누가복음 19:10 _146
누가복음 21:18~19 _147
요한복음 3:16 _148
요한복음 6:35 _149
요한복음 8:32 _150
요한복음 11:25 _151
요한복음 13:34 _152
요한복음 14:1 _153
요한복음 14:27 _154
요한복음 16:33 _155
사도행전 16:31 _156
로마서 5;8 _157
로마서 8:26 _158
로마서 8:27 _159
로마서 8:28 _160
로마서 8:38~39 _161
로마서 10:17 _162
로마서 12:2 _163
로마서 14:17 _164
로마서 15:13 _165
로마서 16:20 _166

고린도전서 1:18 _167
고린도전서 10:13 _168
고린도전서 13:13 _169
고린도후서 1:3 _170
고린도후서 1:4 _171
고린도후서 1:6 _172
고린도후서 1:22 _173
고린도후서 4:16 _174
고린도후서 5:17 _175
고린도후서 10:4 _176
고린도후서 13:11 _177
갈라디아서 6:9 _178
에베소서 2:8 _179
에베소서 2:22 _180
에베소서 4:23~24 _181
에베소서 6:24 _182
빌립보서 2:5 _183
빌립보서 4:6~7 _184
빌립보서 4:13 _185
골로새서 3:15 _186
데살로니가전서 1:3 _187
데살로니가후서 2:17 _188
데살로니가후서 3:5 _189
디모데후서 1:7 _190
디모데후서 2:1 _191
히브리서 13:8 _192
야고보서 1:2~3 _193
야고보서 4:8 _194
베드로전서 2:9 _195
요한1서 4:7~8 _196
에필로그 _198

갤리바이블 365

Calli Bible Gift Art Book

구약 전서

모세오경/역사서 에서

일러두기: 본문 내 캘리그라피로 작업한 모든 성경문구는 [개역개정 성경전서]를 인용하였습니다

이영웅 목사

전라북도 정읍 출생
정읍 호남고등학교 졸업
연세대학교 공과대학 세라믹공학과 졸업
총신대학교 신학대학원 졸업
용인제일교회
온사랑교회
우이동교회 시무(현)
E-Mail : 20wbg@naver.com

(창세기 1:1)

성경은 하나님이 계시다고 설득하지 않습니다.
단지 선언합니다.
그리고 우리는 그것을 믿지요.
지금 당신이 믿는 하나님은 정말 세상을 창조한 분이십니까?
그분은 교회에서만 창조주가 아닙니다.
세상에서도 없는 것을 있는 것으로 부르시는 영원한 창조주이십니다.
그분이 당신을 사랑하십니다.
이 위대한 하나님을 모든 순간에 생각해보세요.
분명 당신의 삶은 달라질 것입니다.

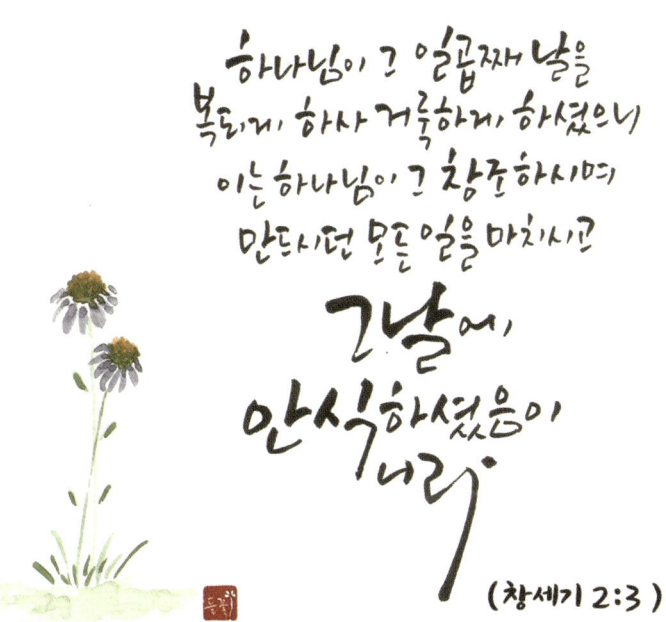

하나님이 그 일곱째 날을
복되게 하사 거룩하게 하셨으니
이는 하나님이 그 창조하시며
만드시던 모든 일을 마치시고
그날에,
안식하셨음이
니라
(창세기 2:3)

안식의 뜻은 '그만하다, 쉬다'입니다.
그런데 하나님은 자신의 안식을 우리에게도 지키라고 명하십니다.
이 명령 때문에 우리는 내 힘으로 살려는 노력,
스스로를 구원하려는 짐으로부터 쉼을 누릴 수 있게 됩니다.
매주 예배자로 서는 우리는 생산의 경쟁을 멈추고
하나님의 완전하심을 신뢰하며 안식을 누리고 계십니까?
쉼.
당신을 위한 하나님의 명령입니다.

> 여호와 하나님이
> 아담을 부르시며
> 그에게 이르시되
> 네가 어디
> 있느냐
>
> (창세기 3:9)

자기의 죄 때문에 하나님을 피해 숨은 아담을 하나님께서 부르십니다.
어디 있는지 다 아시는 분께서,
갑자기 나타나 두렵게 하거나 벌하지 않으시고
그가 하나님의 사랑을 의지하며 스스로 나아오기를 기다리십니다.
죄 때문에,
너무 큰 잘못 때문에 하나님 앞을 피해 숨어 있지는 않습니까?
아버지께서 여전히 부르십니다.
"내가 다 안다. 그래도 너를 사랑한다."

(창세기 6:8)

하나님께서는 사람의 죄와 악함을 보시고 슬퍼하셨습니다.
사람은 항상 그렇습니다.
그래서 지금 우리가 살고 있는 세상도 다를 바가 없어 보입니다.
그러나 거기서 노아는 여호와께 은혜를 입었습니다.
왜 그랬는지 이유가 없습니다.
그렇기 때문에 은혜입니다.
이 악한 세상에서 살아가기가 참 힘들지만, 그래도 힘을 내세요.
당신은 여호와께 은혜를 입었습니다.

> 땅이 있을 동안에는
> 심음과 거둠과 추위와 더위와
> 여름과 겨울과 낮과 밤이
> 쉬지 아니하리라
>
> (창세기 8:22)

너무 춥거나 더울 때 우리는 쉽게 불평합니다.
그런데 사실 이런 자연의 변화들은 하나님께서 모든 생명을
다시는 멸하지 않으신다는 약속의 결과입니다.
심은 뒤 오는 거둠, 추위를 몰아내는 더위,
밤을 밝히는 낮이 쉬지 않는 것으로부터 우리는
우리를 향한 하나님의 사랑과 성실을 볼 수 있습니다.
이 하나님의 사랑이 지금도 당신의 삶을 가득 채우고 있습니다.

> 너는 복이 될지라
> 너를 축복하는 자에게는
> 내가 복을 내리고
> 너를 저주하는 자에게는
> 내가 저주하리니
> 땅의 모든 족속이
> 너로 말미암아
> 복을 얻을 것이라

(창세기 12:2b~3)

'나'에 대해서 한없이 절망하게 되는 날이 있습니다.
어떻게든 버텨보려 하지만 몰아치는 것들이 마음을 무너지게 만드는 날..
그 때 믿음이 일해야 합니다.
아브라함이 하나님의 약속에 평생을 붙들렸던 것처럼,
우리도 하나님의 말씀에 나를 붙들어 매야 합니다.
하나님의 관점으로 나를 보세요.

"나는 복이다.
온 땅이 나를 통해 복을 얻는다. 하나님께서 그렇게 하신다."

여호와께서
그가 보려고 돌이켜
오는 것을 보신지라.
하나님이
떨기나무 가운데서
그를 불러 이르시되,
모세야 모세야 하시매
그가 이르되
내가 여기
있나이다

(출애굽기 3:4)

불이 붙었지만 타지 않는 나무.
이 기적은 오직 모세 한 명만을 위한 하나님의 일하심이었습니다.
동일하신 하나님은 모세를 부르셨듯, 지금을 사는 우리 또한 부르십니다.
오늘의 일상에도 나를 위해
여러 상황을 연출하시는 하나님의 관심이 펼쳐졌을 것입니다.
과연 나는 그것을 얼마나 알고, 그에 얼마나 답했을까요.
지금도 그 분은 내 주의를 끄시며 나를 부르고 계시는지도 모릅니다.

> 하나님이 이르시되,
> 내가 반드시
> 너와 함께 있으리라
> 네가 그 백성을 애굽에서
> 인도하여 낸 후에,
> 너희가
> 이 산에서 하나님을
> 섬기리니
> 이것이 내가 너를
> 보낸
> 증거니라
>
> (출애굽기 3:12)

하나님께서는
이스라엘 백성들을 애굽에서 인도해 내고자 모세를 보내십니다.
그러면서 증거를 주시는데,
과거나 현재의 일이 아니라 미래에 될 일을 증거라고 하십니다.
하나님께서는 말씀하신 것을 반드시 이루시기 때문에
미래의 일도 증거가 되는 것이지요.
지금 아무것도 보이지 않습니까?
하나님께서 이루실 것을 믿는 믿음이
당신에게 충분한 증거가 되어 줄 것입니다.

하나님이 모세에게 이르시되
나는 스스로 있는 자이니라
또 이르시되
너는 이스라엘 자손에게
이같이 이르기를
스스로 있는 자가
나를 너희에게 보내셨다
하라

(출애굽기 3:14)

하나님은 자신을 다른 것에 빗대어,
다른 무엇을 통하여 이해할 수 있도록 하지 않으셨습니다.
그 무엇도 무한하신 하나님을 설명할 수 없기 때문입니다.
그래서 이름을 묻는 모세에게 '나는 나, 존재하는 자'라고 하셨습니다.
하나님은 어떤 것으로도 규정될 수 없는 크신 분이십니다.
이 하나님의 무한하심을 묵상해보신 적이 있으십니까?
크신 하나님께서 지금도 당신과 함께 하십니다.

여호와께서
그에게 이르시되
누가 사람의 입을 지었느냐
누가 말 못하는 자나
못 듣는 자나 눈 밝은 자나
맹인이 되게 하였느냐
나 여호와가
아니냐

(출애굽기 4:11)

말 못하는 자, 못 듣는 자, 보지 못하는 자 모두
선하고 실수 없으신 하나님께서
최고의 계획 가운데 무한하신 사랑으로 지으셨습니다.
유명화가가 그린 한 번의 붓질이 걸작품이 되듯,
창조주 하나님께서 공들여 만드신 당신은
그 분으로 인해 최고의 작품입니다.
예술을 모르는 사람들의 시선에 흔들리지 말고,
진짜를 보시는 하나님의 눈으로 당신을 바라 보십시오.

이스라엘 자손을
그들의 군대대로
애굽땅에서 인도하라
하신 여호와의
명령을 받은 자는
이 아론과 모세인

(출애굽기 6:26)

출애굽기 6장에서 이스라엘 백성들은 아직 애굽에 있었습니다.
그러니 이들은 여전히 노예의 신분이었지요.
그러나 하나님은 같은 상황에서 자신의 백성을 노예라 하지 않으시고
군대라고 부르셨습니다.
지금의 나는 스스로를 어떻게 인식하고 있습니까?
애굽 사람들의 시선을 따라 자신을 노예라고 여깁니까,
아니면 왕이신 하나님의 말씀대로 여호와의 군대라고 생각합니까?

> 여호와께서
> 그들 앞에 가시며
> 낮에는 구름기둥으로
> 그들의 길을 인도하시고
> 밤에는 불기둥을
> 그들에게 비추사
> 낮이나 밤이나 진행
> 하게 하시니
> 낮에는 구름기둥 밤에는 불기둥이
> 백성 앞에서 떠나지
> 아니하니라
>
> (출애굽기 13:21~22)

광야에서 이스라엘 백성들이 하나님을 대적함으로 수만 명이 죽는 징계를
받기도 했지만, 그때에도 구름기둥과 불기둥은 그들을 떠난 적이 없었습니다.
이는 하나님의 변함없는 사랑을 보여줍니다.
당신이 지금 죽음의 광야를 지나고 있는 것 같아도
또는 사랑의 징계 때문에 힘들다 해도,
하나님의 구름기둥과 불기둥은 여전히 당신 앞에 있습니다.
그렇기에 광야 같은 세상을 우리가 여전히 걸어가고 있는 것이겠죠.
하나님의 함께 하심에서 눈을 떼지 마십시오.
그러다보면 마침내 약속의 땅에 이르게 될 것입니다.

> 이스라엘 자손에게
> 명령하여 돌이켜 바다와
> 믹돌 사이의 비하히롯
> 앞 곧
> 바알스본 맞은편
> 바닷가에
> 장막을 치게 하라
>
> (출애굽기 14:2)

도망가기도 급한 상황에서 하나님은 돌이켜 장막을 치라고 하십니다.
결국 군대가 그들을 쫓아왔고 백성들은 순종한 결과로 죽음 앞에 서게 됩니다.
살다보면 우리 삶에도 이런 경우가 있는 것 같습니다.
하나님의 말씀에 순종했더니 더 어려운 상황에 처하게 되지요.
그러나 참된 순종은 항상 하나님의 뜻을 이룹니다.
그러니 할 수 있는 대로 순종하십시오.
죽음에 직면하는 것처럼 보여도 주님은 결국 우리를 구원하심으로써
더 크게 자신의 영광을 만방에 드러내실 것입니다.

> 모세가 백성에게 이르되 너희는 두려워하지 말고 가만히 서서 여호와께서 오늘 너희를 위하여 행하시는 구원을 보라 너희가 오늘 본 애굽 사람을 영원히 다시 보지 아니하리라
>
> (출애굽기 14:13)

사람은 누구나 두려움을 느끼는데, 그 두려움의 끝은 죽음입니다.
그러나 하나님께서는 우리에게 말씀하십니다.
"너희가 영원히 다시 보지 아니하리라."
두려워하지 말고 가만히 서서 여호와께서 행하시는 구원을 보십시오.
죽음을 죽이신 그리스도의 죽음을 기억하십시오.
사랑 안에는 두려움이 없고 온전한 사랑이 두려움을 내어 쫓습니다.

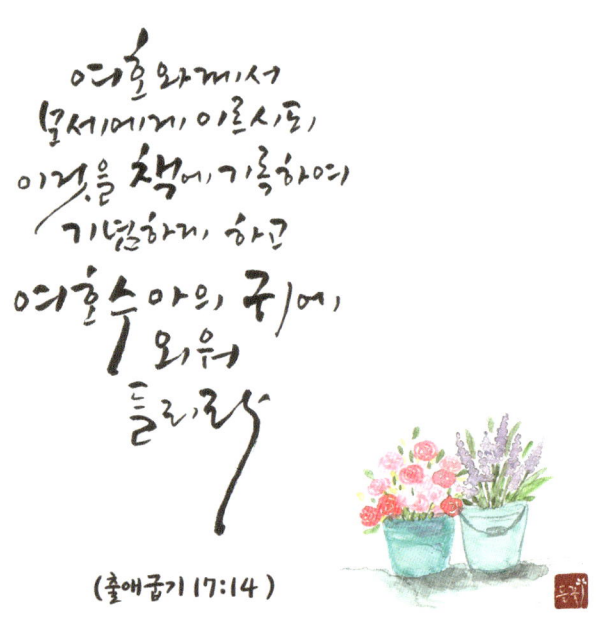

(출애굽기 17:14)

혹시 나는 모세와 같지 않다고 낙담하신 적이 있습니까?
그렇다면 당신은 모세가 아니고, 여호수아처럼 훈련되는 중일 수 있습니다.
지금이라는 시간을 통해 세워져 가고 있는 것이지요.
그러니 낙심하거나 포기 해버려서 멈추지 말고,
말씀과 기도로 주님 앞에서 주님과 계속 교제하기 바랍니다.
자신의 사람을 친히 준비하시는 하나님께서 함께 하시며 이루어 가실 것입니다.

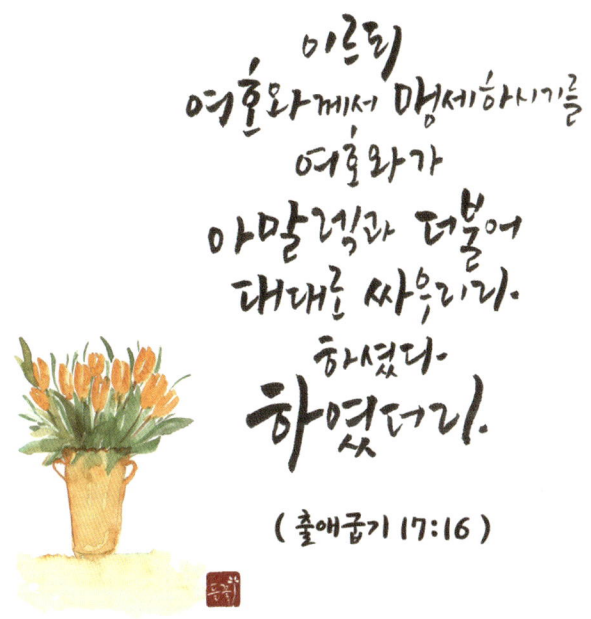

만군의 여호와 하나님의 맹세입니다.
지금까지 나를 위해 싸우신 분이, 지금도 내 대적과 싸우고 계시고,
앞으로도 싸우실 것입니다.
그러니 스스로 백기를 들 필요는 없습니다.
비록 지금 진 것 같고 다시는 이길 수 없을 것 같다는 생각이 들 수도 있지만,
결국에는 알게 될 것입니다.
하나님께서 나를 위해 싸우셨고 한 번도 진 적이 없으시다는 것을요.
그분께서 나를 위해 대대로 싸우십니다.
그러니 이제 일어나십시오.
천군 천사를 거느리시는 승리의 주님과 함께 다시 전장으로 나아갈 때입니다.

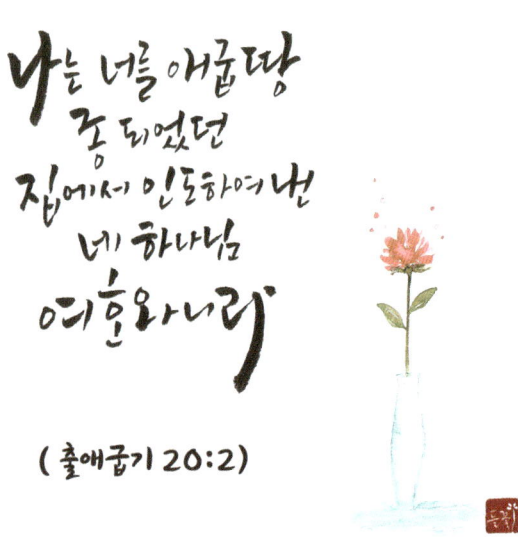

(출애굽기 20:2)

이 말씀은 하나님의 자기소개이자 우리에 대한 설명이며,
그 둘을 하나로 묶는 관계의 선언입니다.
하나님은 이 내용을 자주 반복하시는데,
그렇게 하심으로써 자신의 구원하심과 더불어 그로 인해 형성된
하나님과 우리와의 관계를 계속해서 기억하게 하십니다.
하나님은 지금도 스스로를 '너의 하나님 여호와'라고 나타내시기를
기뻐하십니다.
그 안에는 분명히 이런 마음도 담겨 있을 것입니다.

'내가 너의 아빠다.
그러니 어떤 상황에도 불안해 하거나 걱정하지 말고 내 안에 있거라.'

> 그러나 그 땅이 황폐하게 됨으로
> 들짐승이 번성하여 너희를 해할까 하여
> 일 년 안에는 그들을 네 앞에서
> 쫓아내지 아니하고
> 네가 번성하여 그 땅을
> 기업으로 얻을 때까지 내가
> 그들을 네 앞에서 조금씩
> 쫓아내리라
>
> (출애굽기 23:29~30)

하나님께서는 능력이 있으심에도 왜 우리가 원하는 것들을
한 번에 해결해주지 않으실까요.
우리가 답답하게 느끼는 일 중에는 자기 자녀를 망치지 않으시려는
하나님의 깊은 배려가 숨어 있습니다.
인격적이신 하나님께서는 우리의 속도에 맞추어 실수 없이 인도해 가시거든요.
자기 욕심에 끌려 더 빨리, 더 많은 것을 요구하기보다 한 걸음 또 한 걸음
하나님과 함께 걷는 것이 가장 완벽한 타이밍일 것입니다.

> 여호와께서 시내산 위에서
> 모세에게 이르시기를 마치신 때에
> 증거판 둘을 모세에게 주시니
> 이는 돌판이요
> 하나님이 친히 쓰신
> 것이더라

(출애굽기 31:18)

하나님께서 우리를 구원하신 후,
어디 내 백성답게 알아서 살아보라고 내버려 두셨다면 어떠했을까요.
아마 우리는 큰 혼란 가운데 절망했을 것입니다.
그러나 친절하신 그분은 먼저 자기 백성을 찾아 오셨고,
누가 구하지 않았음에도 사랑 안에서 거룩하게 살 수 있는 원리를
명령으로 가르쳐 주셨습니다.
그러니 오해하지 않았으면 좋겠습니다.
이 말씀은 구속이 아니라 우리를 위해 친히 새기신 사랑이며,
공개된 천국의 비밀이니까요.

레위기의 각 단락이 시작되는 부분은 어김없이 이 구절로 시작됩니다.
회막에서 모세를 부르시고 말씀하셨던 것처럼,
살아계신 하나님께서는
지금도 사랑으로 당신을 부르시고 여전히 진리로 말씀하고 계십니다.
지금 당신은 어디에 서 계신가요?
하나님의 임재가 있는 회막에 나아가
살아서 말씀하시는 하나님의 말씀을 듣고 있습니까?

> 너는 이스라엘 자손의
> 온 회중에게 말하여 이르라
> 너희는 거룩하라
> 이는
> 나 여호와 너희 하나님이
> 거룩함이니라
>
> (레위기 19:2)

참 부담이 되는 말씀이지요.
그런데 어느 날,
이 말씀이 저항할 수 없는 사랑이라는 것을 깨닫게 되었습니다.
'하나님께서 사랑으로 나를 자녀 삼으신 것을,
내 아버지가 되셨다는 것을 이렇게 표현하셨구나..'
자녀가 부모를 닮듯 우리도 하나님을 닮습니다.
그렇게 우리를 통해 하나님께서 이 땅에 드러나십니다.
죄인인 내가 감히 하나님을 닮을 수 있다니, 그저 감사할 일입니다.

여호와는
네게 복을 주시고
너를 지키시기를
원하며

여호와는
그의 얼굴을 네게 비추사
은혜 베푸시기를
원하며

여호와는
그 얼굴을 네게로 향하여 드사
평강 주시기를
원하노라

(민수기 6:24~26)

어떠한 상황 어느 순간이라도 이것이
원하시고 원하시며 원하시는
당신을 향한 하나님의 본심입니다.

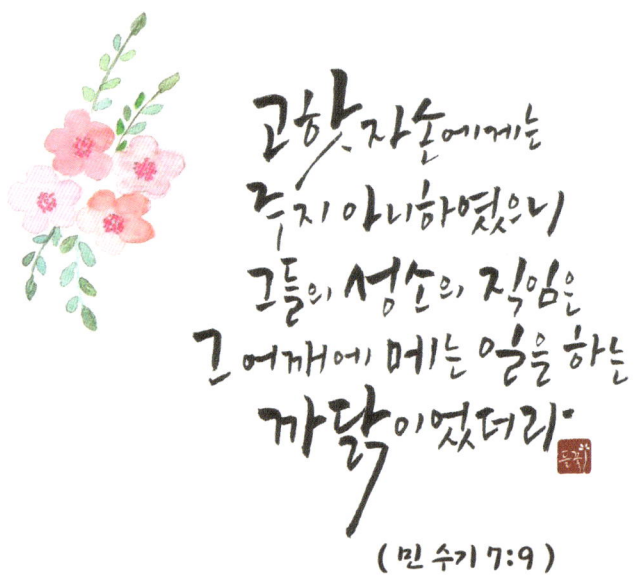

(민수기 7:9)

하나님께서는 다른 레위 자손들에게는 수레를 주시면서
고핫 자손에게는 아무것도 주지 않으셨습니다.
불공평해 보이지요.
그러나 하나님은 각자의 사명을 이루는데 가장 적합한 것들을
공급해 주십니다.
우리도 고핫 자손처럼 받은 것이 아무것도 없다고 느껴질 때가 있습니다.
그럴 때 불평하기보다 사명대로 성실하게 어깨에 메어 보세요.
하나님께서 좌정하시는 지성소를 섬기는 자만이 누릴 수 있는 영광과
기쁨이 있을 것입니다.
이것은 다른 누구도 아닌,
오직 선택받은 당신에게만 허락된 하나님의 복입니다.

> 모세가 그들에게 이르되
> 기다리라
> 여호와께서 너희에 대하여
> 어떻게 명령하시는지
> 내가 들으리라
>
> (민수기 9:8)

삶은 신비한 것이라서 참 다양한 일들이 발생합니다.
그래서 하나님의 법을 바로 적용하기 어려운 경우도 있지요.
다행히 성경은 법전이 아니라 삶의 원리이며 지혜이기에
이런 때에도 우리가 어떻게 해야 하는지 가르쳐줍니다.
"기다리라. 여호와께서 어떻게 말씀하시는지 들으리라."
결정하기 어려운 문제가 있다면, 일단 멈추어 서서 들으세요.
중요할수록 우리는 더욱 그 응답을 기다려야 합니다.
살아 계신 하나님께서는 반드시 말씀하시기 때문입니다.

> 여호와께서
> 모세에게 이르시되
> 여호와의 손이 짧으냐
> 네가 이제 내 말이 네게
> 응하는 여부를
> 보리라

(민수기 11:23)

광야 한 복판에서 수십만 명에게 한 달 동안 고기를 질리도록
먹이겠다니.. 믿어지십니까?
이것은 모세도 믿지 못한 일이었습니다.
그런데 하늘의 아버지는 만나를 내리셨듯 고기도 주셨습니다.
삶이 주는 무게, 부양의 책임감에 지쳐 있습니까.
그래서 하나님의 약속도 더 이상 믿어지지 않나요.
그렇다면 지금이 아버지를 신뢰할 때입니다.
수십만 명을 40년 동안 질리도록 먹이신 공급자,
그분의 손은 결코 짧지 않으십니다.

> 온 회중이 소리를 높여
> 부르짖으며
> 밤새도록 통곡하였더라
> 여호와께서 모세에게
> 이르시되
> 백성이 어느 때까지
> 나를 멸시하겠느냐
> 내가 그들 중에
> 많은 이적을 행하였으나
> 어느 때까지
> 나를 믿지 않겠느냐
>
> (민수기 14:1,11)

너무나도 중요했던 어떤 일이 절대로 이루어질 수 없을 것 같아서,
그래서 밤새도록 통곡했던 적이 있나요?
하나님은 주시겠다고 하지만
내 능력으로 도저히 불가능해 보이는 상황 때문에 말입니다.
원수의 속삭임으로 인해 정말 그렇게 보일지라도
두려워하거나 하나님을 원망하지는 마세요.
하나님께서 말씀하십니다. 어느 때까지 나를 믿지 않으려느냐.

> 너와 내 아들들은
> 제단과 휘장 안의 모든 일에
> 대하여 제사장의 직분을 지켜
> **행하라**
> 내가 제사장의 직분을
> 너희에게
> **선물로 주었은즉**
> 거기
> 가까이 하는 외인은
> **죽임을 당할지니라**
>
> (민수기 18:7)

직분을 감당하는 것이 참 버거워서, 버티기조차 힘든 때가 있습니다.
그 짐이 너무도 무겁지요.
그런데 하나님께서는 그 직분을 선물로 주셨다고 하십니다.
다른 사람은 하고 싶어도 할 수 없는 그 일을,
하나님께서 나를 선택하여 선물로 주신 것입니다.
자격 없는 사람에게 베풀어졌기에 선물이겠지요.
그래서 하나님께서는 우리의 자격 없음을, 약함을 통해 일하십니다.
하나님께서 선물로 주신 것을 선물로 받아들일 수 있다면
우리는 그 진리 안에서 행복을 누리게 될 것입니다.

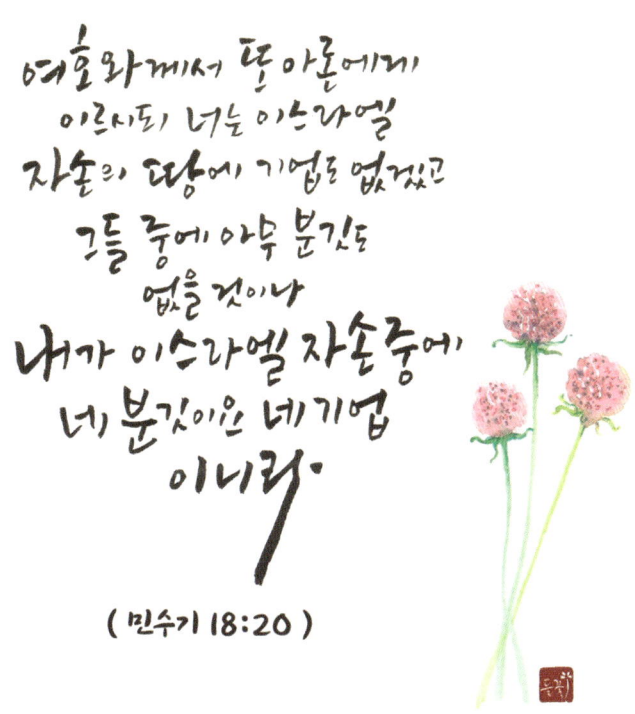

(민수기 18:20)

하나님의 약속을 받았는데 그것을 얻지 못했을 때,
우리는 크게 낙심하고 원망합니다.
받을 것에 온통 마음이 쏠려 있기 때문이겠지요.
아마 아론의 자손들도 약속된 가나안 땅 얻기를 기대했을 것입니다.
그러나 그렇지 못했습니다.
누구보다 하나님께 충성된 자리였기 때문에 상실감이 더 컸을지도 모르겠습니다.
그러나 그것은 훨씬 더 좋은 것을 받는 과정이었습니다.
하나님께서는 그들에게 무엇과도 비교할 수 없는 자기 자신을 주셨습니다.
하나님의 약속이 이루어지길 기다리고 있나요.
그것을 주시는 하나님께서 이미 우리와 함께 계십니다.

> 우리 하나님 여호와께서
> 우리가 그에게 기도할 때마다
> 우리에게 가까이 하심과 같이 그 신이 가까이
> 함을 얻은 큰 나라가 어디 있느냐
>
> (신명기 4:7)

창조주와 피조물이 교제할 수 있다니..!
상상도 할 수 없는 이런 복을 감히 누가 얻을 수 있을까요?
그런데 당신이 바로 그런 존재랍니다.
어떤 상태, 어떤 모습이건 상관없습니다.
하나님께서 기꺼이 함께 계심으로 당신은 기도할 때마다
그분의 가까이 하심을 얻게 되었습니다. 아직 잘 모르시겠나요?
그래서 말씀해 주셨지요.
'이렇게 가까이 함을 얻은 사람이 없다.' 이 말씀을 기억하며 기도해 보세요.
그분이 얼마나 가까이 계시는지 더 깊이 발견해 갈 수 있을 거예요.

> 네 하나님 여호와께서
> 돌보아주시는 땅이라
> 연초부터 연말까지
> 네 하나님 여호와의
> 눈이 항상
> 그 위에 있느니라
>
> (신명기 11:12)

아무도 나를 바라봐주지 않는 것 같아서 슬플 때가 있습니까.
지금의 상황을 알아주는 이 없이 혼자 감당하는 것 같아 벅찹니까?
그 모든 길 위에 항상 여호와의 눈이 있습니다.
교회, 학교, 일터, 가정 그 어디서나 따뜻한 사랑의 눈빛으로
당신을 바라보고 계십니다.
졸지도 주무시지도 않으시며 돌보고 보호하고 인도하고 계십니다.
지금 이 순간에도 말입니다.

> 너, 하나님
> 여호와께서
> **너를 사랑**하시므로
> 네 하나님
> 여호와께서
> 발람의 말을 듣지
> 아니하시고
> 네 하나님 여호와께서
> 그 저주를
> 변하여
> 복이 되게 하셨나니
>
> (신명기 23:5)

사람들의 비난과 원망, 저주의 말에 찔리고 상처 입는 일이 있습니다.
폭언과 협박, 악평으로 인해 걱정과 불안으로 밤을 지새는 때도 있습니다.
그러나 그 말로 인해 너무 두려워하지는 마십시오.
당신을 사랑하시는 하나님께서 그 어떤 저주라도 변하여 복이 되게 하십니다.
하나님께서 당신을 붙드시는 한 그 무엇도 당신을 해할 수 없습니다.
모든 것이 복으로 변합니다.
그러니 더 이상 스스로 저주의 말을 붙들고 힘들어하지 마십시오.
우리가 붙잡아야 할 것은 생명과 사랑과 진리인 하나님의 말씀입니다.

> 내가 네게 명령한
> 것이 아니냐
> 강하고 담대하라
> 두려워하지 말며 놀라지 말라
> 네가 어디로 가든지
> 네 하나님 여호와가
> 너와
> 함께 있느니라
>
> (여호수아 1:9)

하나님께서 당신과 함께 하십니다.
어느 곳이라도 당신이 있기에 가십니다.
우리가 놓일 죽음의 자리에도 예수님은 십자가로 함께 가셨지요.
그러니 예수님을 믿는다면 더 이상 의심하지 않으셔도 됩니다.
그럼에도 우리는 약하고 불안해하고 두려워하고 놀라기 때문에,
하나님께서는 그러지 말라고 하십니다.
그냥 하나님께서 강하게 해주시면 좋겠는데,
그렇게 하지는 않으시는 걸 보면 이건 우리의 역할인가 봅니다.
그래도 분명히 해낼 수 있을 겁니다.
다 잘 될 것이라서가 아니라
하나님께서 당신과 함께 하시기 때문에 그렇습니다.

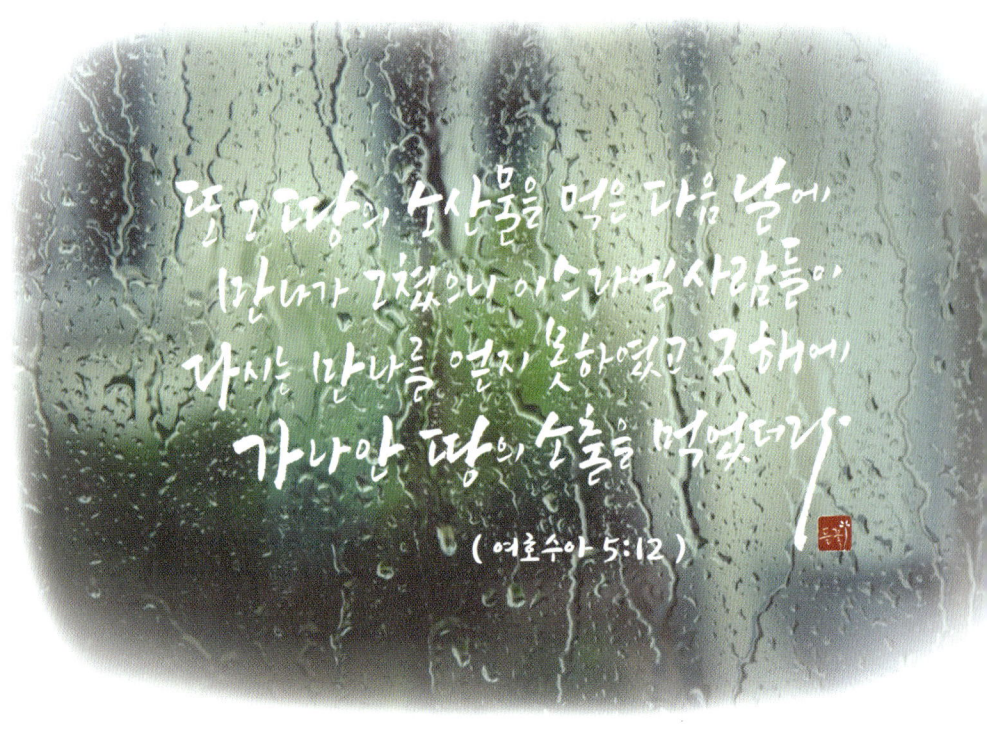

하나님의 공급하심이 갑자기 끊기면 우리는 긴장하기 마련입니다.
매일 내리던 만나가 그쳤을 때 이스라엘 백성도 두려워했을지도 모릅니다.
그러나 그것은 하나님께서 약속을 성취하신 결과였지요.
더 좋은 선물을 받기 위해 그들의 익숙함에서 벗어나야 하는 과정이었던 것입니다.
공급이 그쳤습니까. 더 좋은 것을 주실 공급자를 바라보세요.
하나님은 당신에게 필요한 대로 정확히 공급하시는 분이십니다.
그분은 결코 실수가 없으십니다.

> 여호수아가 나이가 많아 늙으매
> 여호와께서 그에게 이르시되
> 너는 나이가 많아 늙었고
> 얻을 땅이 매우 많이 남아 있도다
>
> (여호수아 13:1)

기도하며 기다리는 우리의 입장에서 볼 때는
하나님이 항상 늦으시는 것 같지만,
언제나 그분의 계획은 우리의 생각보다 훨씬 더 크십니다.
그래서 매우 많은 것을 주시지요.
그렇기에 우리도 어느 날 하나님께로부터 너는 늙었고
아직 얻을 것이 많이 남았다는 말씀을 듣게 될지도 모를 일입니다.
그날이 오기 전에 어서 복된 땅을 정복해 나가십시오.
우리의 모든 것을 아낌없이 쏟아 붓는 성실함으로 말입니다.

> 그 성읍들은
> 크고 견고 할지라도
> 여호와께서
> 나와 함께 하시면
> 내가 여호와께서
> 말씀하신대로
> 그들을
> 쫓아내리이다
>
> (여호수아 14:12b)

치열한 당신의 삶에 가장 필요한 것은 무엇입니까?
건강, 능력, 전략, 사람 등 다양한 것들이 있겠지요.
그런데 갈렙은 적군의 어떠함이나 전략에 신경 쓰기보다 오직
여호와께서 함께 하심만을 승리의 유일한 조건으로 삼았습니다.
심지어 자신의 순종마저도 그 조건에 포함시키지 않았습니다.
그러니 놓치지 마십시오.
우리가 싸우는 모든 전투의 승패는
오직 여호와의 함께 하심에 달려있습니다.
당신은 지금 하나님과 함께 계십니까?
그분의 말씀대로 되리라 신뢰하십니까?

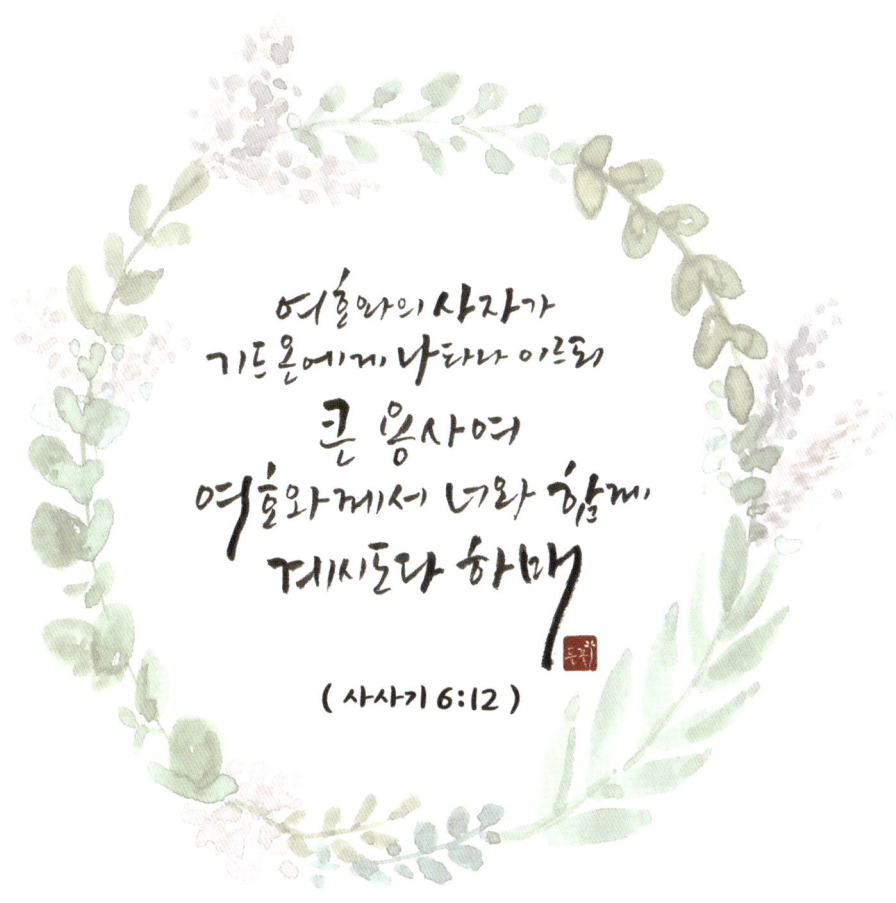

용기 없고 소심하고 두려움이 많아서 옳은 일을 하고 싶어도 잘 되지 않나요?
그래도 당신은 큰 용사입니다.
왜냐하면 하나님은 포도주 틀에 숨어 타작하고 있던 겁쟁이에게도 큰 용사라고 부르셨기 때문입니다.
이것은 오직 한 가지 이유, 여호와께서 함께 계심으로 가능했습니다.
하나님의 함께 하심으로 기드온은 민족을 구해냈습니다.
이것이 앞으로 펼쳐질 당신의 모습입니다.
용기는 두렵지 않은 것이 아니라 두려워도 하나님을 의지하며 걸어가는 것입니다.
큰 용사여, 하나님께서 당신과 함께 하십니다.

> 기드온이 그에게 대답하되
> 오 나의 주여
> 여호와께서 우리와 함께 계시면
> 어찌하여 이 모든 일이
> 우리에게 일어났나이까
>
> (사사기 6:13)

여호와께서 함께 하신다고 말하는 천사에게 기드온은
놀란 기색도 없이 말합니다.
아마도 이 말은 삶의 현장에서 수없이 되뇌었던 탄식이었을 것입니다.
하나님에 대해 알았기에 원망이 더 컸던 것인지도 모르겠습니다.
그러나 그 어려움은 자신들의 죄 때문이었습니다.
하나님께서는 자기 백성들을 구원하시려고
꾸준히 천사를 보내시고 사람을 부르셨지요.
하나님의 함께 계심을 의심하거나 원망하고 있습니까?
그 원인을 정직하게 우리의 죄라고 인정할 수 있다면,
함께 하시는 하나님의 은혜가 보이기 시작할 것입니다.

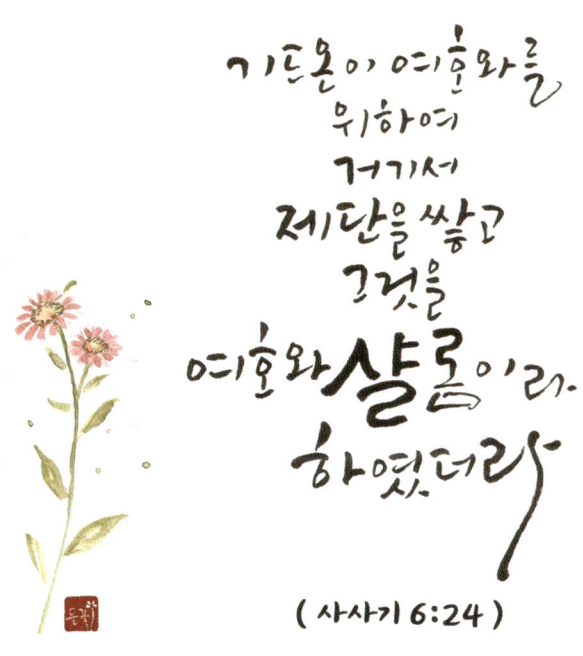

(사사기 6:24)

하나님의 거룩하심을 마주한 모든 사람은
자신이 죄 자체라는 것을 깨닫습니다.
그래서 감히 그분 앞에 설 수 없다는 절망을 느낍니다.
그러나 임마누엘 하나님께서는 우리에게 다가오시고,
의심하는 자에게 친히 하나님이심을 증명해 보이시고,
죽어 마땅한 우리에게 샬롬이라고 말씀하십니다.
내가 너무 죄인이라 하나님 앞에 나아갈 수 없다고,
하나님도 나를 버리셨을 거라고 생각한 적이 있습니까?
두려워 말고 안심하십시오.
거룩하신 분께서 우리를 용납하셨습니다.
그분의 이름이 샬롬(평화)이십니다.

> 여호와께서 기드온에게
> 이르시되
> 너를 따르는 백성이 너무 많은즉
> 내가 그들의 손에
> 미디안 사람을 넘겨주지 아니하리니
> 이는 이스라엘이 나를 거슬러
> 스스로 자랑하기를
> 내 손이 나를 구원하였다
> 할까 함이니라
>
> (사사기 7:2)

이겨내야 할 대상이 너무도 거대해서 전력을 다해도 부족할 것 같은데
하나님은 많다고 걱정하십니다.
"너무 많다. 많아서 네가 스스로 이루었다고 할 것 같구나"
우리는 어떻게든 이기려고 하기에, 이기고 나면 처음에는 하나님께 감사해도
결국은 내가 해냈다는 마음이 더 크게 남습니다.
그래서 하나님은 지금 당신이 가진 것이 너무 많다고 하십니다.
아직도 많습니다. 더 힘을 빼세요. 그리고 하나님만 의지하세요.
내가 했다고 결코 말할 수 없는 하나님의 구원하심이
당신의 기억에 깊이 새겨질 것입니다.

> 라기 가운데서
> 이방신들을 제하여 버리고
> 여호와를 섬기매
> 여호와께서
> 이스라엘의 곤고로 말미암아
> 마음에
> 근심하시니라
>
> (사사기 10:16)

"내가 다시는 너희를 구원하지 않으리니
너희가 택한 신들이 너희를 구원하게 하라."
수차례 구원을 베풀어도 그때뿐인 이스라엘 백성들에게
하나님께서 하셨던 무서운 말씀입니다.
그러나 그들이 이방 신을 버리고 돌이키자 여호와께서는
이스라엘의 고통으로 인해 마음에 근심하십니다.
우리를 버리지 못하시는 하나님. 그것이 자녀에 대한 아버지의 마음이지요.
그러니 아무리 멀리 떠났더라도 수백 번, 수천 번 죄를 반복했더라도 다시
그 고통으로부터 돌이키십시오.
당신은 당신을 포기했을지라도
하나님 아버지는 절대 당신을 포기하지 않으십니다.

> 여호와께서
> 네가 행한 일에 보답하시기를
> 원하며 이스라엘의 하나님
> 여호와께서
> 그의 날개 아래에 보호를
> 받으러 온 네게
> 온전한
> 상 주시기를 원하노라
> 하는지라
>
> (룻기 2:12)

사랑하는 사람을 잃으셨나요. 자녀 문제가 뜻대로 되지 않습니까?
연로한 부모님 모시는 것은 당연한 일인데 왜 이렇게 힘이 드는지...
이런 경우 우리는 마치 외딴 섬이 된 것처럼 깊은 외로움을 느낍니다.
내 인생 참 기구하다 싶지요.
그렇다면 지금이 하나님의 날개 아래로 들어가야 할 때입니다.
그 비밀한 곳에서 쉼을 누리며 자기를 택한 자에게 베푸시는
하나님의 보상을 기대하십시오.
당신의 삶이 아무리 굴곡지고 모진 인생이었다 해도
하나님은 그 모든 것을 포근한 날개로 덮어주실 것입니다.

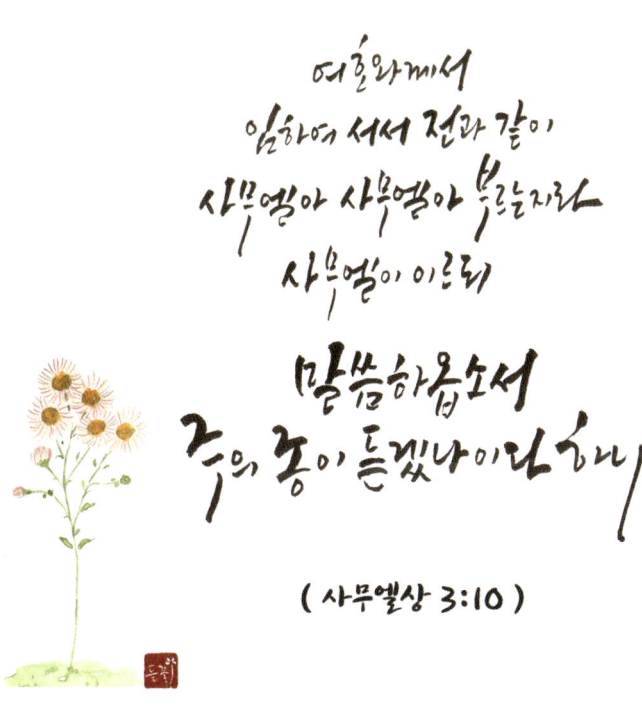

(사무엘상 3:10)

하나님은 어린 사무엘이 반응할 때까지 기다리시며 계속해서 부르셨습니다.
동일하신 그분은 지금 우리들에게도 똑같이 행하십니다.
우리는 하나님의 말씀이 들리지 않는다고 불평하지만
하나님께서는 여전히 계속해서 부르고 계시는지도 모를 일입니다.
그러니 내 말만 하나님께 쏟아 놓는 것 보다는
사무엘과 같은 자세로 잠잠히 하나님의 음성에 귀 기울여 보는 것은 어떨까요?

"말씀하옵소서. 주의 종이 듣겠나이다."

사무엘이 돌을 취하여
미스바와 센 사이에 세워 이르되
여호와께서
여기까지 우리를 도우셨다
하고
그 이름을
에벤에셀이라
하니라

(사무엘상 7:12)

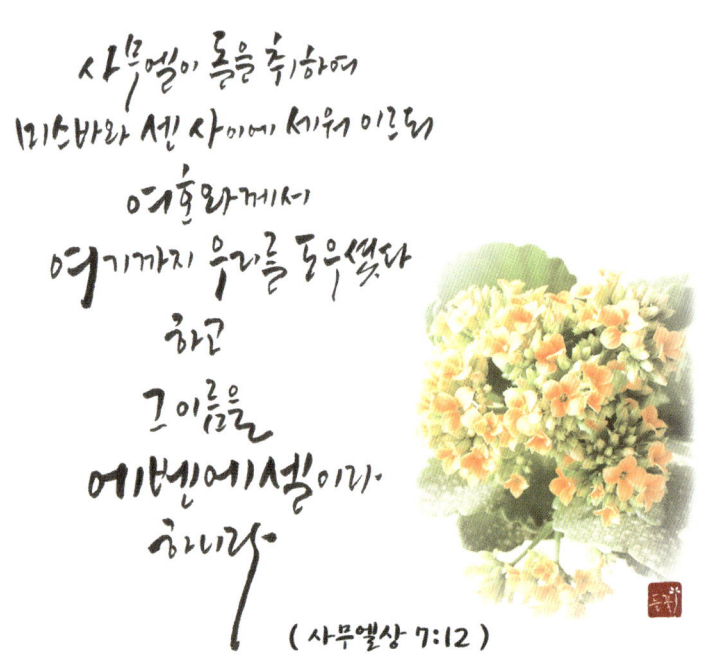

백성들이 다 모여 하나님께 회개하는 때를 틈타 블레셋이 쳐들어 왔습니다.
이스라엘은 아무런 방비도 할 수 없었지만 사무엘이 드린 온전한 번제와
부르짖는 기도를 받으신 하나님께서 친히 블레셋을 쫓아내셨습니다.
감당할 수 없는 문제가 있습니까?
해결할 능력이 있으신 하나님을 의지하십시오.
모든 것을 맡긴 온전한 예배는 하나님의 임재와 일하심을 보게 할 것입니다.
그렇게 당신의 삶에 도움의 돌이 세워질 것입니다.
에벤에셀, 여호와께서 당신을 도우십니다.

라마로 돌아왔으니
이는 거기에
자기 집이 있음이라.
거기서도
이스라엘을 다스렸으며
또 거기에 여호와를
위하여
제단을 쌓았
더라

(사무엘상 7:17)

밖에서의 모습 외에 아무도 없는 집에서 당신은 어떤 사람인가요?
사무엘은 밖에서만 하나님을 예배하는 사람이 아니었습니다.
그는 집에서도 밖에서처럼 이스라엘을 다스렸고,
예배자로서의 삶을 살았습니다.
변함없으신 하나님을 닮아 언제 어디서나 동일한 사람이었지요.
우리의 본성에도 이렇게 하나님의 성품이 채워졌으면 좋겠습니다.
언제나 한결같은 사람 말입니다.

> 사무엘이 백성에게 이르되
> 두려워 말라
> 너희가 과연 악을 행하였으나
> 여호와를 따르는 데에서
> 돌아서지 말고
> 오직 너희 마음을 다하여
> 여호와를 섬기라.
>
> (사무엘상 12:20)

악에 악을 더하고 있다는 죄책감에 하나님께 나아가기 어렵다면
이 말씀을 생각해보십시오.
이스라엘 백성들은 우상을 섬기는 악함에 하나님을 버리는 악을 더했습니다.
그때 하나님은 이렇게 말씀하셨습니다.
그들이 나를 버려 자기들의 왕이 되지 못하게 함이니라 (삼상8:7b)
그런데도 사무엘은 이 백성들을 향해 여호와를 따르는데서 돌아서지 말고
오직 하나님을 섬기라고 합니다.
죄책감은 우리로 하여금 하나님 앞에 나아가기 어렵게 만들지요.
그러나 그런 때일수록 우리는 더욱 여호와께 돌아가야 합니다.
늦지 않았습니다. 지금 모습 그대로도 충분합니다.

> 다윗이 여호와께
> 다시 묻자온대
> 여호와께서 대답하여
> 이르시되
> 일어나 그일라로
> 내려가라.
> 내가 블레셋 사람들을
> 네 손에 넘기리라
> 하신지라.
>
> (사무엘상 23:4)

다윗은 온전히 하나님께 묻는 사람이었습니다.
묻기만 하지 않고 들었습니다.
그리고 그가 물을 때마다 하나님은 말씀하셨지요.
주변 사람들의 의견이 달라 확인이 필요한 때에도
그는 하나님께 다시 묻기를 주저하지 않았고,
하나님 또한 말씀해 주셨습니다.
우리는 하루 동안 하나님께 얼마나 자주 묻고 듣고 있을까요.
삶의 모든 순간에 하나님을 경험하게 된다면 참 행복할 것 같습니다.

> 사람이
> 그의 원수를 만나면
> 그를 평안히
> 가게 하겠느냐
> 네가 오늘
> 내게 행한 일로
> 말미암아
> 여호와께서 네게
> 선으로
> 갚으시기를 원하노라
>
> (사무엘상 24:19)

좋은 사람을 사랑하기도 어려운데 원수를 사랑하기란 더욱 어렵습니다.
순종하려고 노력할수록 자신의 어려움만 더 커지는 경우가 많기 때문에
그런 것 같습니다.
그래도 너무 억울해 하지는 마세요. 하나님께서 다 알고 계십니다.
선하신 분께서 말씀대로 순종하는 자에게 가장 선한 방법으로 갚아주십니다.
그러니 낙심하지 말고 계속해 가면 좋겠습니다.
어렵지만 행하는 그 순종이 우리가 따르는 그분을 세상에 드러내어 줄 테니까요.

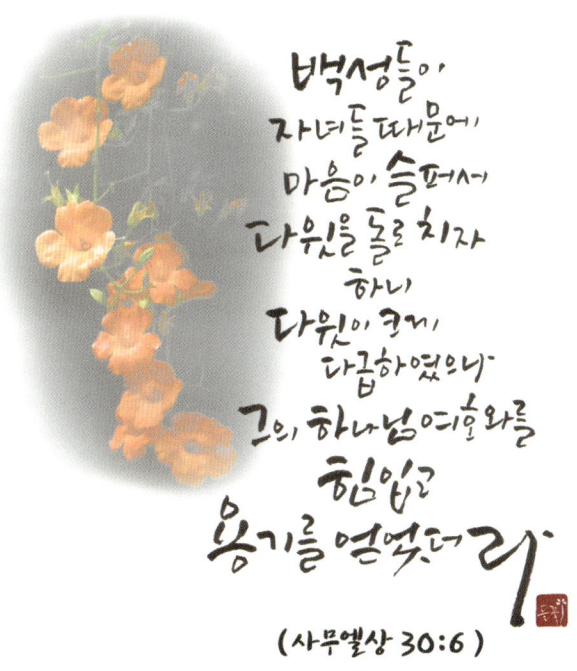

(사무엘상 30:6)

전쟁터에서 돌아온 다윗과 친구들은 불탄 성읍과
잡혀간 가족들에 대한 소식을 듣습니다.
그 슬픔이 얼마나 컸던지 전우들은 다윗을 죽이려고까지 합니다.
우리의 삶도 이와 비슷한 경우가 있지요.
어떻게든 살아보겠다고 열심히 노력했지만 한순간에 갑자기
모든 재산과 가족을 잃고 사람들에게 배신을 당합니다.
그야말로 절망입니다.
그러나 이런 위험 가운데서도
우리는 하나님 여호와를 힘입어 용기를 얻을 수 있습니다.
그분이 강하게 하십니다.
그래서 끝난 것같이 느껴지더라도 아직 끝이 아닙니다.
역전의 주님께서 반드시 회복시키시기 때문입니다.

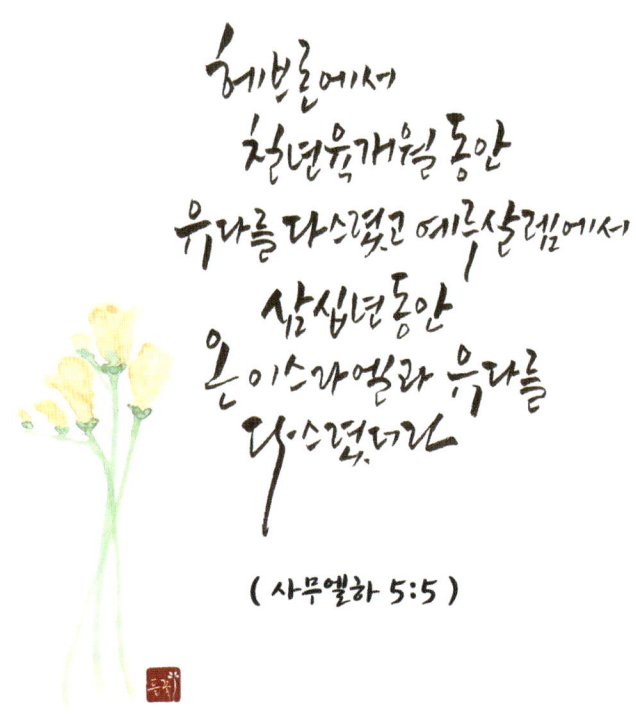

> 헤브론에서
> 칠년육개월 동안
> 유다를 다스렸고 예루살렘에서
> 삼십년동안
> 온 이스라엘과 유다를
> 다스렸더라
>
> (사무엘하 5:5)

다윗은 자신이 왕이 될 것을 알았음에도 사울을 해하지 않고 피해 다니며
광야에서 지냈습니다.
그동안 그를 따르는 사람은 빚진 자나 억울한 일을 당한 사람들뿐이었지요.
그 시간을 견뎌내고 헤브론에서 왕이 되긴 했지만,
이스라엘 전체의 왕이 되기까지는 또 7년이라는 시간이 더 걸렸습니다.
하나님의 약속이 이루어지기를 기다리고 있을 때
최선을 다하고 하나님을 의지하며 끝까지 인내 하십시요.
우리가 보기에는 더딘 것 같아도
하나님께서는 하나님의 때에 그것을 반드시 이루십니다.
때가 차면 온전히 이루어질 것입니다.

> 만군의 하나님
> 여호와께서 함께 계시니
> 다윗이 점점
> 강성하여
> 가니라

(사무엘하 5:10)

"하나님이 함께 계신다."
구약부터 신약에 이르기까지 일관되게 우리에게 말하는 성경의 내용입니다.
이것이 얼마나 엄청난 일인지를 가르쳐주기 위해 성경은 하나님의 함께 하심을
평탄함, 복, 자손의 번성, 형통, 은혜, 담대함, 생명, 임마누엘, 보혜사 등으로
다양하게 설명합니다.
무엇이 문제입니까?
하나님께서는 과거에도 함께 하셨고,
지금도 함께 하시고, 영원히 함께 하십니다.
그러므로 믿음으로 신뢰 하십시오 하나님의 함께하심을....

> 다윗왕이
> 여호와 앞에
> 들어가 앉아서 이르되
> 주 여호와여 나는 누구이오며
> 내 집은 무엇이기에
> 나를 여기까지
> 이르게
> 하셨나이까
>
> (사무엘하 7:18)

왕이 된 다윗은 이제야 하나님을 위해
자신이 무엇인가 할 수 있다고 생각했던 것 같습니다.
그런데 하나님께서는 도리어 내가 너의 집을 세우겠다고 하셨지요.
사람이 뭐라고 하나님께서 이렇게까지 하실까요?
그런데 이것이 하나님의 사랑이랍니다.
그 하나님께서 나를 붙잡고 계십니다.
지나온 평생을 돌이켜 보십시오.
그저 감사할 것들로 가득하지 않습니까?
내가 무엇이기에...
참으로, 나의 평생이 하나님의 은혜입니다.

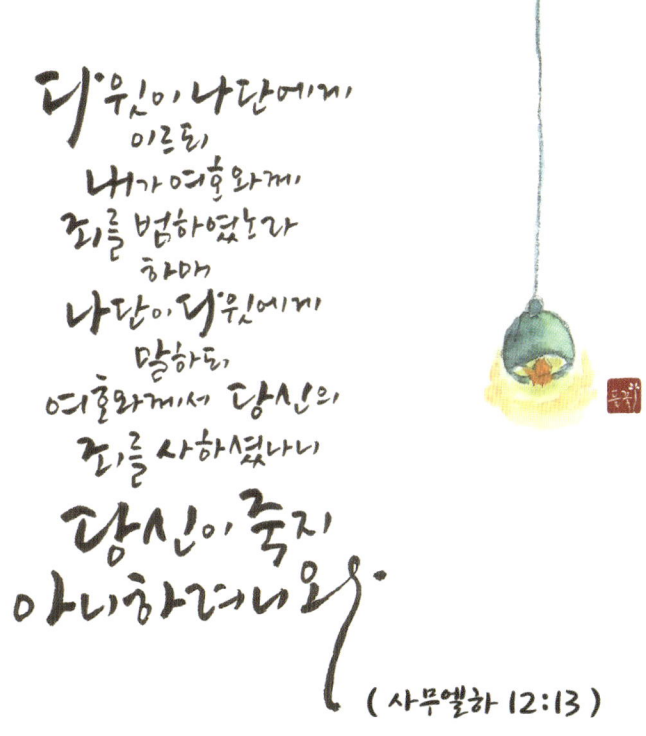

> 다윗이 나단에게 이르되
> 내가 여호와께 죄를 범하였노라 하매
> 나단이 다윗에게 말하되,
> 여호와께서 당신의 죄를 사하셨나니
> 당신이 죽지 아니하려니와.
> (사무엘하 12:13)

다윗이 밧세바와 관련하여 행한 악에 대해
하나님께서 나단을 통해 말씀하실 때,
다윗은 그 자리에서 자신의 죄를 인정합니다.
그러자 나단도 즉시 말합니다.
"여호와께서도 당신의 죄를 사하셨나니"
하나님의 용서에는 시간의 간격이나 조건이 없습니다.
우리가 자신의 죄를 시인할 때 하나님께서는 즉시 사하십니다.
그러니 더 이상 죄책감에 눌려 그 자리에서 반성만 반복하지 말고,
하나님의 용서하심을 의지하며 죄를 떠나 거룩을 향해 나아가십시오.
이것이 하나님의 용서이며 그 능력입니다.

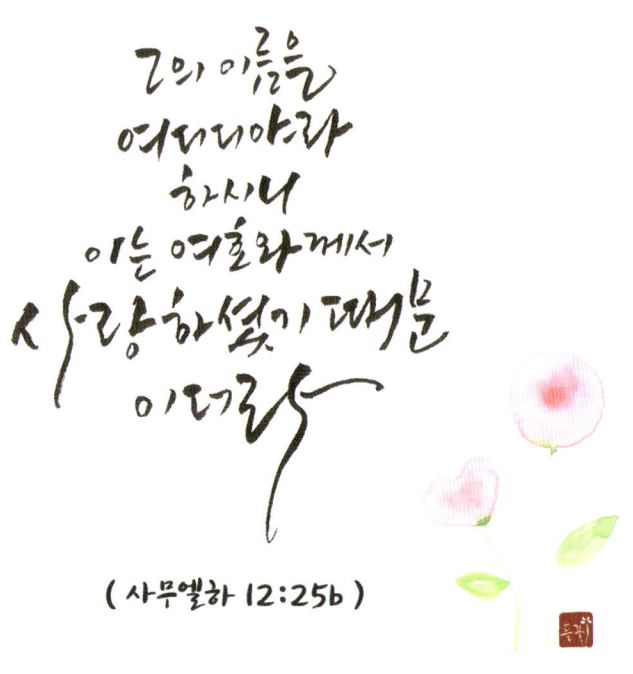

(사무엘하 12:25b)

밧세바 사건 이후 다윗의 마음은 어떠했을까요.
어쩌면 그의 죄책감이 하나님께 나아가기 어렵게 만들었을지도 모릅니다.
그러나 하나님은 다윗을 용서하시고 그와의 관계를 회복하셨습니다.
우리라면 우리에게 악을 행한 사람을 사랑하지 못했겠지만
하나님은 그렇게 하셨습니다.
하나님께서는 다윗이 밧세바를 통하여 낳은 아이를 사랑하셨지요.
하나님의 사랑을 입은 자라는 의미의 이름은 다윗과 밧세바에게
참으로 큰 위로가 되었을 것입니다.
하나님의 용서는 다시 기억하지 아니하심 입니다.
그래서 회개한 자에게는 그분의 사랑이 온전하게 주어집니다.
여디디야, 이 이름은 당신에게도 동일하게 베풀어진 용서와 사랑의 증거입니다.

(열왕기상 3:5)

전능하신 하나님께서 갑자기 나에게 똑같은 질문을 하신다면 무엇을 구하겠습니까.
당장 떠오르는 것, 그 정도로 우리가 절박하게 필요를 느끼고 있는 것이 있습니다.
그런데 그것은 누구를 위한 것입니까?
그것이 지금 하나님과 우리의 관계를 잘 보여주고 있지는 않나요.
예수님께서 말씀하셨습니다.
너희 믿음대로 되라.
우리가 받은 믿음으로 그렇게 간절히 바라고 있는 것은 나만을 위한 삶입니까,
하나님의 이름이 거룩히 여김을 받으시는 것입니까?

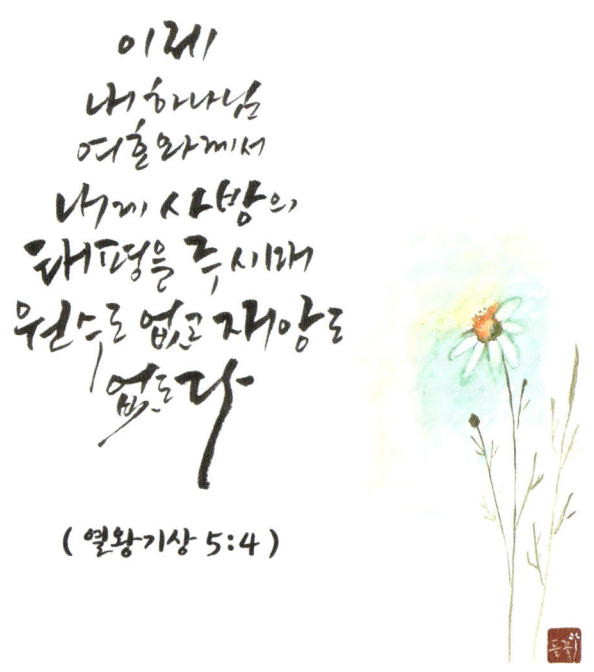

이제
내 하나님
여호와께서
내게 사방의
태평을 주시매
원수도 없고 재앙도
없도다

(열왕기상 5:4)

평안하고 원수도 없으며 재앙도 없는 삶이 계속되어 무료함을 느끼고 있습니까.
그렇다면 준비가 된 것인지도 모릅니다.
하나님께서는 솔로몬을 통해 성전을 건축하겠다고 하신 약속을 이루시기 위해
사방에 평안을 베풀어 주셨습니다.
그리고 솔로몬은 그 평안 가운데 하나님의 성전을 짓기 시작하지요.
하나님께서 베푸신 은혜 안에 계시다면 이제 성전을 건축해 가야 합니다.
하나님께서 임재하실 곳을 만들고 사수하며 관계를 견고하게 쌓아 가십시오.
지금의 시간은 그것을 위해 베푸신 은혜입니다.

> 제사장이
> 그 구름으로 말미암아
> 능히 서서
> 섬기지 못하였으니
> 이는 여호와의
> 영광이
> 여호와의 성전에
> 가득하였음이러라
>
> (열왕기상 8:11)

성전에 가득한 하나님의 영광이 어떠했을지 참 궁금합니다.
그런데 바울은 우리가 그리스도의 몸이며, 하나님의 성전이라고 말합니다.
돌과 나무로 사람이 만든 성전에 하나님의 영광이 가득했다면,
하나님께서 친히 빚은 하나님의 형상인 우리에게는 얼마나 더 그러할까요?
성전에는 구름이 가득했으나, 우리 안에는 하나님께서 충만하십니다.
우리의 어떠함 때문이 아니라 하나님께서 택하셨기에,
찾아오셔서 나를 차지하시고 불변함으로 자신의 영광을 가득하게 하시기에,
그래서 당신이 하나님의 성전이며 하나님의 사람입니다.

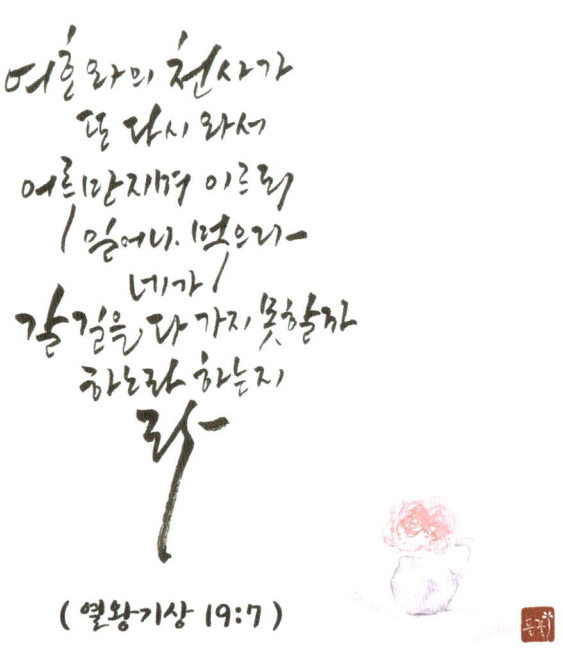

(열왕기상 19:7)

죽기를 구하는 엘리야에게 하나님은 천사를 보내어 어루만지시며 먹이십니다.
그를 책망하기보다 오히려 가야 할 길 다 가지 못할까 걱정하시며
다시금 그렇게 하십니다.
예수님도 낙담에 빠져있던 베드로에게 똑같이 행하셨지요.
'와서 먹으라'
성과도 있고 칭찬도 받고 있지만
개인적으로 텅 빈 것 같은 상황에 계신 분이 있나요?
열심이 특심하여 앞만 보고 달리느라 탈진하고 소진했다면,
아무것도 없는 광야 한가운데라도 멈추어 서서
하나님의 어루만지심과 공급하심을 경험하시면 좋겠습니다.
그분의 날개 아래서 몸과 마음이 쉼을 누릴 때, 우리는 내 목표가 아니라
하나님 주시는 사명을 향해 다시 나아갈 힘을 얻을 수 있을 것입니다.

> 또 지진 후에 불이 있으나
> 불 가운데에도 여호와께서 계시지
> 아니하더니
> 불 후에 세미한 소리가
> 있는지라

(열왕기상 19:12)

크고 강한 바람, 지진, 불은 하나님이 나타나시는 상징들이었지만
이번에는 여호와께서 거기 계시지 않았습니다.
기적과 같은 현상이 아닌 작은 소리로 말씀하셨지요.
우리는 큰 기적들 가운데 하나님께서 계실 것이라고 기대하고 구합니다.
하나님 정도 되시면 그리하셔야 한다고 생각합니다.
그러나 이런 현상에 집중하느라 우리에게 말씀하시는
세미한 음성을 놓칠 수 있습니다
책을 펴고 있는 지금도 나에게 말씀하시는
그분의 작은 소리에 귀 기울여 보세요.
마음 깊은 곳에서 울리는 아주 아주 작은 그 소리에...

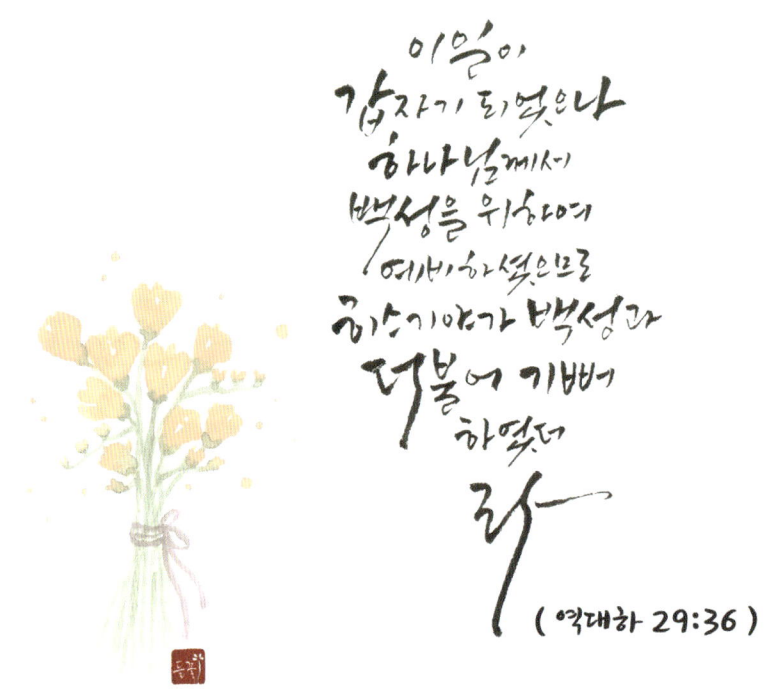

(역대하 29:36)

히스기야 왕은 성전을 청소하고 하나님을 찬양하며 예배했습니다.
하나님을 위해서 한 일입니다.
그러나 성경은 이 사건을 하나님께서 백성을 위해 예비하신 일이라고 기록합니다.
그러므로 이 일은 하나님을 향한 일이면서 동시에 우리를 위한 일이기도 한 것이죠.
이 예배의 회복이 그들에게 갑자기 일어났던 것처럼 우리의 회복도 어느 순간
갑자기 일어날 수 있습니다.
하나님께서 예비하시기 때문입니다.
그러므로 아무리 답답하고 어려운 상황이라도 하나님을 향한 마음을 놓지 마시고
그 분이 예비해 두신 회복과 구원의 날을 기대하시기 바랍니다.
그 날은 갑자기 올 것이며 그 일은 즉각적으로 될 것이고
우리는 기쁨을 누릴 것입니다.

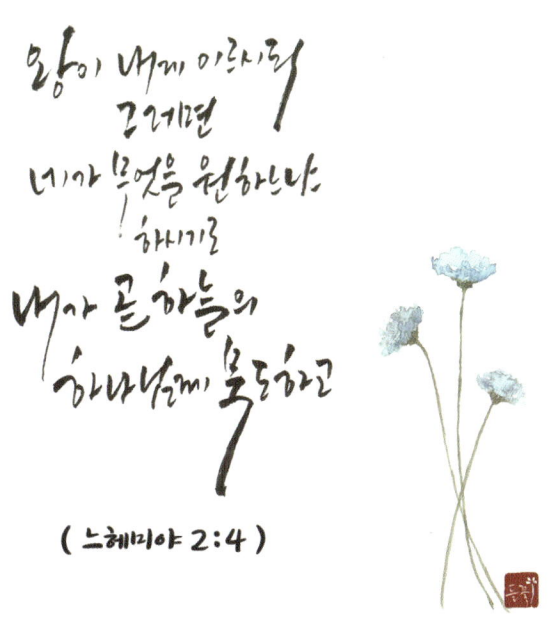

(느헤미야 2:4)

왕의 물음에 대답해야 하는 찰나의 순간에도
하나님께 기도하는 것이 익숙했던 사람.
하나님은 자신의 선한 손으로 그의 범사를 도우셨습니다.
우리 삶에는 그런 도우심이 얼마나 있습니까?
꼭꼭 숨겨진 보물 같아서 찾기 어려우신가요.
그러나 하나님의 은혜는 마치 미술관의 명화들과 같다는 생각이 듭니다.
눈앞에 펼쳐져 있어도 우리가 주의를 기울이지 않으면 알아채지 못하고
지나치기 때문입니다.
기도하는 사람만이 그 베풀어진 은혜를 발견합니다.
우리에게 이미 주어진 보이고 보이지 않는 셀 수 없는 은혜들...
오늘 하루라는 시간 동안,
과연 당신은 얼마나 많은 하나님의 은혜를 발견하였습니까?

구약 전서

시편/잠언 에서

일러두기: 본문 내 캘리그라피로 작업한 모든 성경문구는 [개역개정 성경전서]를 인용하였습니다

김광효 목사

경북대학교 농과대학 졸업
총신대학교 신학대학원 졸업
연세대학교 연합신학대학원 수료

주말씀교회 개척(경기도 파주)
현) 로고스교회 시무(강원도 원주)
E-Mail : deok-in@hanmail.net

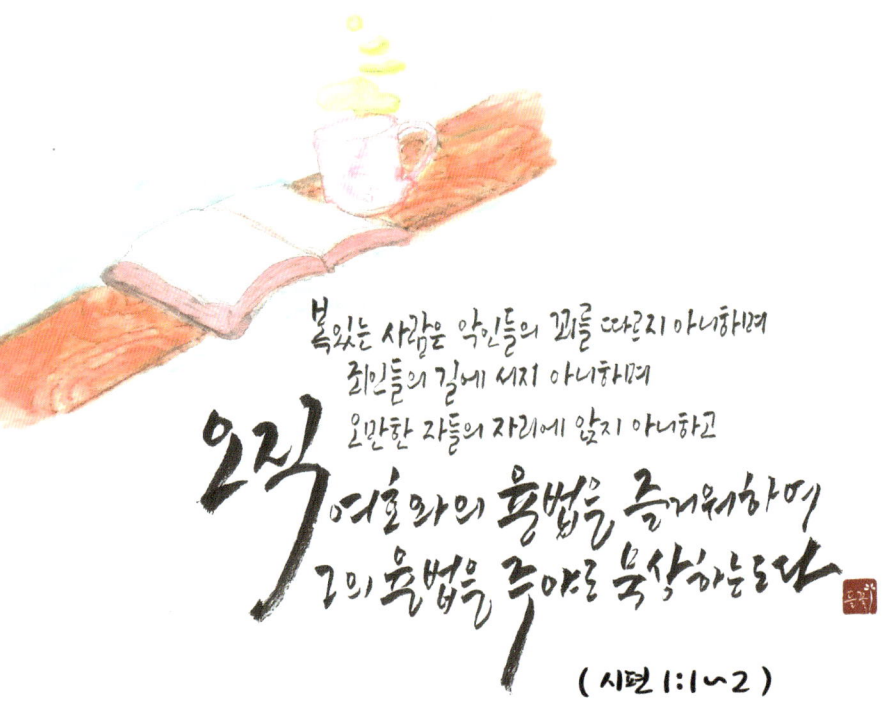

복있는 사람은 악인들의 꾀를 따르지 아니하며
죄인들의 길에 서지 아니하며
오만한 자들의 자리에 앉지 아니하고
오직 여호와의 율법을 즐거워하여
그의 율법을 주야로 묵상하는도다
(시편 1:1~2)

어떤 사람이 복있는 사람일까요? 어떤 삶이 형통한 삶일까요?
악인의 꾀를 따르며 복과 형통을 찾는 사람들이 있습니다.
그러나 그들은 바람에 나는 겨와 같이 되고
결국 하나님의 심판을 피할 수 없습니다.
결국 어떻게 되는가가 중요합니다.
진짜 복 있는 사람은 하나님의 말씀을 즐거워하고,
그 말씀을 주야로 묵상하는 사람입니다.
말씀을 즐거워하고 묵상하며 살아가는 사람에게
하나님은 철을 따라 적절한 열매를 맺게 해 주십니다.
무엇보다 하나님께서 그 길을 인정해 주십니다.
하나님께 인정받는 사람이 복 있는 사람입니다.

> 그의 아들에게 입 맞추라
> 그렇지 아니하면
> 진노하심으로 너희가
> 망하리니
> 그의 진노가 급하심이라
> 여호와께 피하는
> 모든 사람은
> 다 복이 있도다.
>
> (시편 2:12)

"내가 나의 왕을 거룩한 산 시온에 세웠다"
하나님께서는 그의 아들 예수님을 왕으로 세상에 보내셨습니다.
이 세상에서 예수님은 우리를 하나님 나라로 불러 들이시고
하나님 나라의 백성으로 삼아 주십니다.
예수님은 지금도 여전히 왕으로 우리를 다스리고 계십니다.
그러나 세상은 헛된 일을 꾸미고 서로 꾀를 내어 하나님을 대적하고 비방하며,
하나님의 다스리심을 속박으로 여기고 벗어나려고 합니다.
성경은 하나님이 보내신 그의 아들 예수님을 왕으로 모셔 들이고
그 다스리심에 순종할 것을 말씀합니다.
그렇지 아니하면 진노하심으로 그 길에서 망하리라 경고 하십니다.
그러나 여호와께 피하는 모든 사람에게는 복이 있다고 격려해 주십니다.

> 내가 누워 자고 깨었으니
> 여호와께서 나를 붙드심이로다
> 천만인이 나를
> 에워싸 진친다 하여도
> 나는 두려워하지 아니하리이다
>
> (시편 3:5~6)

다윗은 그의 아들 압살롬의 반역을 피해 달아나면서
주변에 자신을 대적하고 비방하는 사람들이 너무 많다고 탄식했습니다.
그 누구도 자신의 안전을 보장해 주지 못한다는 것을 깨달았습니다.
그런 상황에서 다윗은 하나님을 찾았습니다.
여호와여 주는 나의 방패시요 나의 영광이시요 나의 머리를 드시는
자니이다 (시편3:3).
지금까지 지켜주신 하나님을 떠올리며 부르짖었습니다.
우리는 응답하실 하나님께 소망을 두고 자신을 맡길 때,
천만 인이 에워싸 진을 친다 해도 두려워하지 않을 수 있는
믿음과 평안을 누릴 수 있습니다.

> 내가 평안히 눕고 자기도 하리니
> 나를 안전하게 살게하시는 이는
> 오직 여호와이시니이다
>
> (시편 4:8)

주님께서 우리 마음에 두신 기쁨은
물질이 풍성할 때 누리는 기쁨과 비교할 수 없습니다.
세상이 줄 수 없는, 세상이 알 수도 없는 기쁨입니다.
주님이 우리 마음에 두신 기쁨은 우리가 처한 상황과 형편이 어떠하든지
그럼에도 불구하고 누릴 수 있는 기쁨입니다.
주님이 주신 기쁨이기 때문입니다.
그 어떤 어려움도 주님이 우리 마음에 두신 기쁨을 빼앗지 못합니다.
그래서 우리는 환난 중에도 기뻐할 수 있습니다.
그 기쁨 안에서 하나님은 우리를 안전하게 살게 하십니다.

> 여호와여
> 아침에 주께서
> 나의 소리를 들으시리니
> 아침에
> 내가 주께 기도하고
> 바라리이다
>
> (시편 5:3)

우리의 기도를 들으시는 분은 나의 왕이신 하나님이십니다.
다윗은 하나님을 '나의 하나님'이라고 부르고 있습니다.
왕이신 하나님께서 우리의 기도에 귀를 기울이시고,
우리의 심정을 헤아려 주십니다.
아침에 기도하는 것은 첫 시간을 드리는 것입니다.
기도로 하루를 여는 것입니다.
나의 생각을 하나님의 뜻에 맞추는 것입니다.
하루를 하나님께 맡기는 것입니다.
하루를 하나님이 주시는 힘으로 살아내겠다는 다짐입니다.

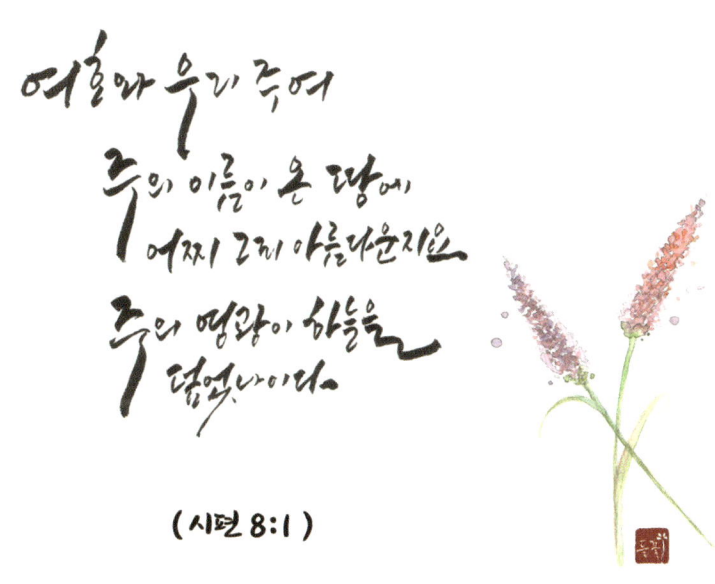

(시편 8:1)

다윗은 하나님께서 손수 지으신 만물들 가운데서 하나님의 영광을 노래합니다.
하나님께서는 우리를 위해서 만물을 창조하시고 자기 형상대로 사람을
지으셨으며 아름답게 만드신 만물들을 다스리게 하셨습니다.
그 만물 중에서 하나님의 대리자로 지음받은 사람은 잘 보살피고 관리하라고
맡겨주셨는데 오히려 그 아름다움을 깨뜨리고 하나님의 영광을 가렸습니다.
그러나 깨뜨리진 관계를 회복시키기 위해서 주님께서는 사람의 아들로 이 땅에
오셔서 우리를 대신해서 십자가를 지셨습니다.
그리고 사흘 만에 부활하셔서 영화와 존귀의 관을 쓰시고 만물을 그의 발아래
두시고 다스리십니다.
여호와 우리 주여 주의 이름이 온 땅에 어찌 그리 아름다운지요 (시8:9)

> 여호와여 주의 장막에 머무를 자 누구오며
> 주의 성산에 사는 자 누구오니이까
> 정직하게 행하며 공의를 실천하며
> 그의 마음에 진실을 말하며

(시편 15:1~2)

누가 주님 계신 성전에 올라갈 자격이 있는 사람입니까?
"정직하게 행하며 공의를 실천하며 그의 마음에 진실을 말하며"(시15:2)
그 자격은 그 사람이 얼마나 지위가 높은지, 많이 배웠는지에 있지 않으며
얼마나 많은 예물을 가지고 나오느냐도 아닙니다.
하나님은 외적인 조건이 아니라 그 사람의 마음가짐과 삶의 행동을 보십니다.
바른 마음가짐과 바른 행동에서 바른 신앙이 나오는 것입니다.
이것이 성도의 거룩한 삶입니다.
이런 사람이 주의 장막에 머무르며 주의 성산에 올라 갈 자격이 있으며
영원한 반석되시는 주님 안에 거하는 것입니다.
"이런 일을 행하는 자는 영원히 흔들리지 아니하리라" (시15:5b)

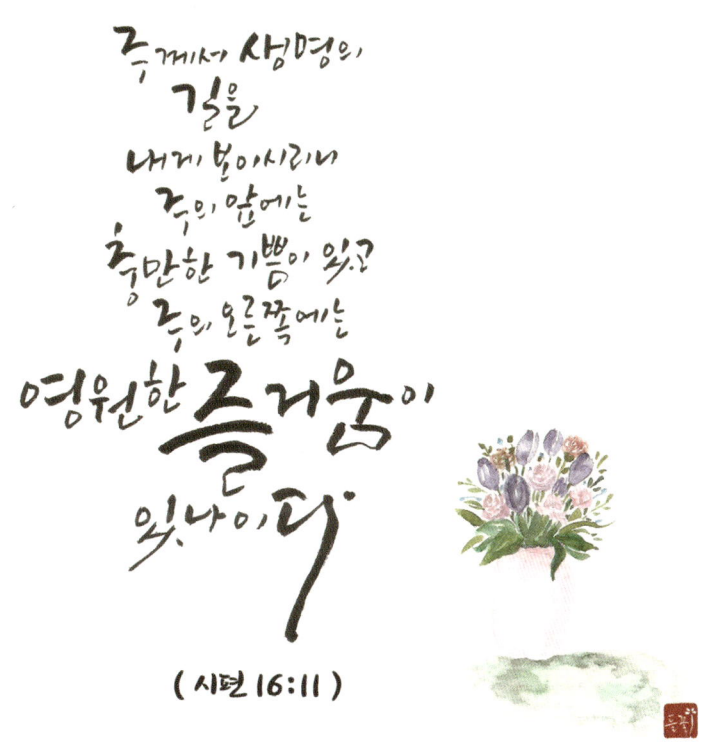

(시편 16:11)

우리가 이 땅에 살면서 세상에 흔들리지 않고
살아갈 수 있는 비결은 무엇일까요?
그것은 여호와 우리 하나님을 항상 내 앞에 모시고 사는 것입니다.
시편기자는 "주는 나의 주님이시오니 주 밖에는 나의 복이 없습니다" 라고
고백합니다. 그렇습니다. 주님만이 우리에게 복이 됩니다.
우리가 하나님을 항상 내 앞에 모시고 살아가면
하나님은 능력의 팔로 우리의 힘이 되어 주시고,
우리를 생명의 길로 인도하십니다.
우리가 하나님을 내 앞에 모시고 살아갈 때 거기에 충만한 기쁨과
영원한 즐거움이 있습니다.

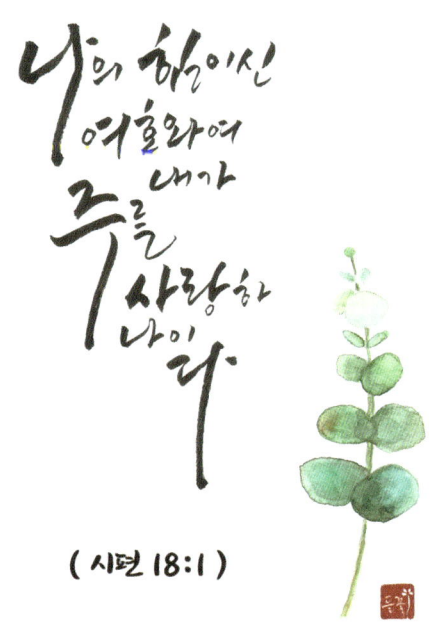

(시편 18:1)

우리는 무엇을 나의 힘으로 삼고 살아갑니까?
다윗에게는 힘이 되는 군사력과 재력 등이 있었으나 여호와가 나의
힘이라고 자랑하고, 내가 주님을 사랑한다고 고백하였습니다.
다윗은 불의의 창수가 두렵게 하고 사망의 올무가 이르는 고통 가운데서
나의 힘이 되신 여호와께 구하고 부르짖었습니다.
그 가운데서 하나님을 더 깊이 경험하는 신앙의 고백을 하게 되었습니다.
"여호와는 나의 반석이시요 나의 요새시요 나를 건지시는 이시요
나의 하나님이시요 내가 그 안에 피할 나의 바위시요 나의 방패시요
나의 구원의 뿔이시요 나의 산성이시로다" (시18:2).
하나님이 '나의 힘'입니다.
우리의 기도는 하나님의 능력이 나의 힘이 되게 하는 비결입니다.

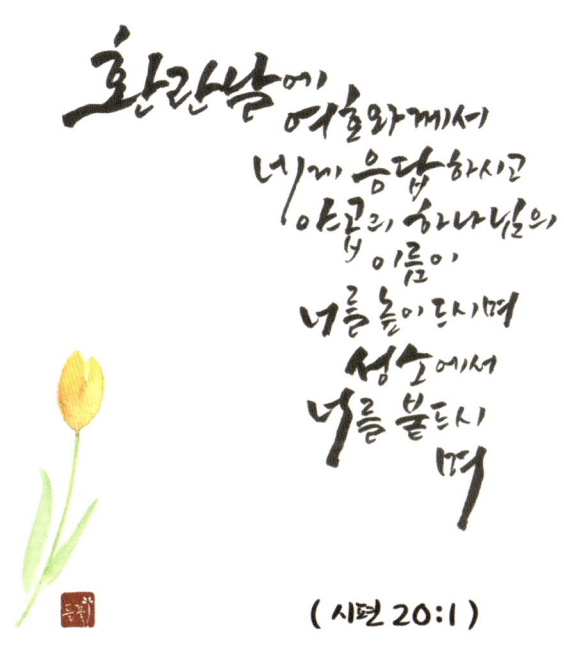

(시편 20:1)

그리스도인들에게도 환난 날이 있습니다.
그러하기에 환난이 없기를 기도하기보다 환난 날에 우리에게 응답하시고
도우시는 하나님을 경험하게 되는 것이 복입니다
우리가 믿는 하나님은, 하나님이 계신 성소를 향하여 기도할 때,
우리 마음의 소원을 허락하시고 도우시며 붙드시어
그의 오른손의 구원하는 힘으로 넉넉히 환난을 이겨 내게 하시고.
승리의 개가를 부르게 하실 것입니다

우리는 여호와 우리 하나님의 이름을 자랑하리로다(시20:7b).

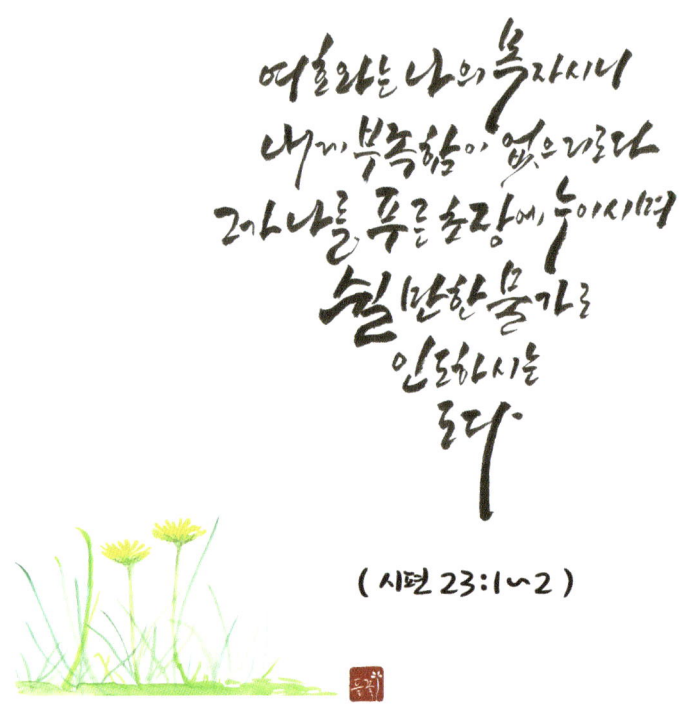

(시편 23:1~2)

여호와 우리 하나님은 '나의 목자'가 되십니다.
목자가 양을 책임지고 돌보듯이 하나님은 자기 백성을 돌보시고 인도하십니다.
목자가 양들에게 좋은 것을 먹이고, 양들을 안전하게 보호하듯이 하나님께서
나의 목자가 되시면 안전하고, 부족함이 없습니다.
우리에게 모든 것을 주시기 때문이 아니라,
목자 되시는 주님이 함께 계시면 더 필요한 것을 느끼지 않기 때문입니다.
주님 한 분 만으로 만족하는 것입니다.
사망의 음침한 골짜기와 같은 문제를 만나도
주님이 함께 하시면 두렵지가 않습니다.
'나의 목자' 되시는 주님 안에서 우리는 안정되고 만족할 수 있습니다.

> 내 평생에 선하심과 인자하심이
> 반드시 나를 따르리니 내가 여호와의
> 집에 영원히 살리로다.
>
> (시편 23:6)

하나님은 우리의 목자가 되셔서 의의 길로 우리를 인도하십니다.
그렇다고 우리가 아무 문제도 만나지 않는 것은 아닙니다.
여전히 죄악된 세상에서 살아가고 이 땅의 고통에서 벗어나지 못합니다.
사망의 음침한 골짜기를 마주하기도 합니다.
그러나 나의 목자가 되시는 주님이 우리와 함께 하시면서 주의 지팡이와
막대기로 우리를 안전하게 지켜 주십니다.
죽음이 바로 눈앞에 있는 절박한 상황에서도 주님께서 함께 하심을
깨닫게 되면 우리는 두려워 하지 않을 수 있습니다.
주님은 우리의 원수가 에워싸고 지켜 보는 앞에서 상을 차려 주시고
잔이 넘치도록 부어 주십니다.
평생토록 하나님의 선하심과 인자하심이 반드시 우리와 함께 할 것입니다.

> 땅과 거기에 충만한 것과
> 세계와 그 가운데 사는 자들은
> 다 여호와의 것이로다
>
> (시편 24:1)

우리가 믿는 하나님은 어떤 분이십니까?
땅과 거기에 충만한 것과 세계와 그 가운데 사는 자들이 모두 하나님의 것입니다.
하나님이 모든 것의 주인이시며 그 분이 만물을 창조하셨고, 지금도 섭리하십니다.
다윗은 자신이 왕위에 있었지만 하나님을 만군의 하나님,
영광의 왕으로 모시고 살았습니다.
자신의 왕권도 하나님의 것이라고 인정하였습니다.
모든 것의 주인이 하나님이심을 인정할 때
구원의 하나님께 복을 받고 의를 얻습니다.
그 하나님께서 영광의 왕으로 우리에게 오십니다.
우리 모든 것의 진정한 주인이신 하나님,
영광의 왕을 마음문을 열고 모셔 들일 때 우리에게 참 기쁨이 있습니다.

> 여호와는
> 나의 빛이요 나의 구원이시니
> 내가 누구를
> 두려워하리요
>
> 여호와는
> 나의 생명의 능력이시니
> 내가 누구를
> 무서워하리요
>
> (시편 27:1)

두려움은 어디에서 오는 것일까요?
하나님이 없는 삶에서 두려움과 염려가 찾아 옵니다.
하나님이 함께 계시는 삶에는 근본적으로 두려움이 없습니다.
여호와는 나의 빛이요, 나의 구원이요, 내 생명의 능력이 됩니다.
그렇기 때문에 두려움을 이겨낼 수 있습니다.
원수가 나를 치려고 에워싸고 전쟁이 일어나도 오히려 담대할 수 있습니다.
다윗은 내가 여호와께 바라는 한 가지 일 그것은 내 평생에 여호와의 집에
살면서 여호와의 아름다움을 바라보는 것이라고 고백했습니다.
하나님을 예배하는 것을 가장 소중하게 여기고 주님 안에서 기쁨을 찾았습니다.
모든 문제는 하나님과의 관계에서 비롯됩니다.
하나님과의 관계를 소중하게 여길 때 하나님이 나의 평생을 지켜주십니다.

> 여호와는 나의 힘과 나의 방패이시니
> 내 마음이 그를 의지하여 도움을 얻었도다
> 그러므로 내 마음이 크게 기뻐하며 내 노래로 그를
> 찬송하리로다

(시편 28:7)

절망적인 상황에서 우리에게는 기도가 있습니다.
우리가 손을 들고 주께 부르짖을 때 하나님은 우리의 간구에 귀를 기울이십니다.
다윗은 주께서 잠잠하시면 무덤으로 내려가는 자와 다를 바 없다고 말합니다.
우리에게 가장 절망적인 상황은 주님께서 우리의 기도에 귀를 막으시는 것입니다.
다윗은 우리의 간구를 들으시는 하나님을 찬송합니다.
"여호와를 찬송함이여 내 간구하는 소리를 들으심이로다"
하나님이 우리의 기도에 귀 기울여 주심이 우리의 기쁨이 되고
우리 마음은 크게 기뻐하며 찬송을 주님께 올려 드릴 수 있는 것입니다.
하나님은 기도하는 자들에게 힘과 방패가 되십니다.
우리의 목자가 되어주시고 영원토록 우리를 인도해 주십니다.

> 여호와께서
> 자기 백성에게
> 힘을 주심이여
> 여호와께서
> 자기 백성에게
> 평강의 복을
> 주시리로다
>
> (시편 29:11)

시편기자는 하나님을 예배하는 자들을 '권능 있는 자들'이라고 말하면서
그들에게 주신 영광과 능력을 하나님께 돌리라고 말씀합니다.
하나님의 이름에 합당한 영광을 돌리고 거룩한 모습으로 하나님께
예배하라고 말씀합니다.
하나님은 그렇게 예배하는 자들을 자기 백성으로 삼아주십니다.
우리가 하나님의 백성이 되는 것이 가장 큰 복입니다.
하나님께서는 자기 백성에게 힘을 주시고, 평강의 복을 주십니다.
하나님을 예배하고 영광을 돌리면 하나님이 주시는 힘과 평강을 누리지만,
자기 영광을 구하는 자는 힘도 평강도 잃게 됩니다.

> 너희, 의인들아
> 여호와를
> 즐거워하라
> 찬송은
> 정직한 자들이
> 마땅히 할 바로다
>
> (시편 33:1)

의인들과 정직한 자들이 '마땅히 할 바'가 찬송입니다.
우리는 하나님을 즐거워하고 찬송하기 위해 지음을 받았습니다.
하나님은 우리의 찬송을 받으시기에 합당한 유일한 분이십니다.
세상은 돈을 사랑하고, 권력을 의지하고, 사람을 칭송합니다.
그러나 의인은 세상의 다른 것에 영광을 돌리지 않고
하나님만을 높이고 찬송하는 자입니다.
여호와를 자기 하나님으로 삼고,
하나님의 소유로 선택된 자가 복 있는 사람입니다.
하나님께서는 우리를 자기 소유로 선택하셨습니다.
하나님을 모시고 찬송하는 우리는 복된 자들입니다.

(시편 34:8)

하나님께서는 그에게 피하는 자에게 하나님의 선하심을 맛보아 알게 하시며
하나님을 찾는 자에게 모든 좋은 것으로 부족함이 없게 하십니다.
세상에 도움을 구하지 않고 하나님을 찾는 사람이 복 있는 사람입니다.
젊은 사자가 굶주릴 일이 없겠지만 행여 그러하더라도 하나님을 찾는 자에게는
부족함이 없을 것이라고 말씀합니다.

하늘에 계신 너희 아버지께서 구하는 자에게 좋은 것으로 주시지 않겠느냐
(마7:11b)
너희 성도들아 여호와를 경외하라 그를 경외하는 자에게는 부족함이 없도다
(시편34:9)

*또
여호와를 기뻐하라
그가 네 마음의 소원을
네게 이루어 주시리로다
네 길을
여호와께 맡기라
그를 의지하면
그가 이루시고 네 의를 빛같이
나타내시며
네 공의를 정오의 빛같이
하시리로다*

(시편 37:4~6)

우리가 하나님에게서 기쁨을 찾을 때,
하나님은 우리 마음의 소원을 이루어 주십니다.
다윗은 악을 행하는 자들 때문에 불평하지 말고,
불의를 행하는 자들을 시기하지 말라고 말씀합니다.
하나님을 의뢰하고 선을 행하면서 살라고 권면합니다.
세상이 악하다고 함께 악해져서는 안 되는 것입니다.
우리의 길을 하나님께 맡기면 하나님이 우리를 책임지시고 돌보아 주십니다.
"당신의 길을 여호와께 맡기십시오. 또 그분을 신뢰하십시오.
그러면 그분이 이루어 주실 것입니다"(우리말성경)

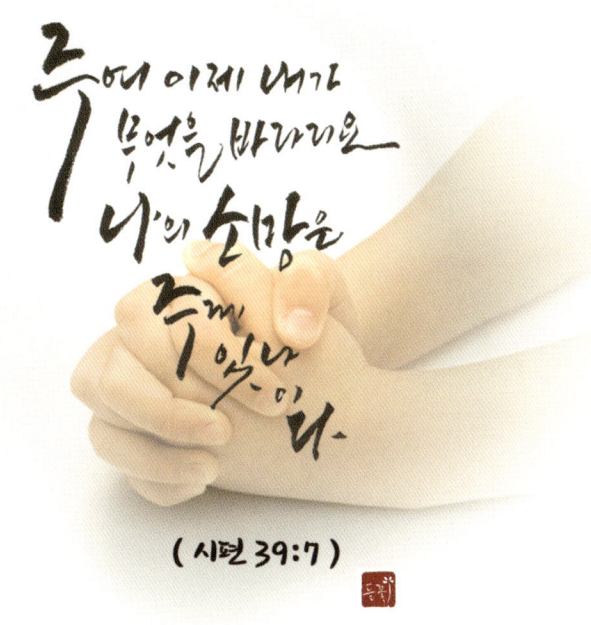

우리는 무엇에 소망을 두고 살아갑니까?
시편기자는 나의 소망은 주님께 있다고 고백합니다.
내 희망은 오직 주님뿐입니다(표준새번역).
우리의 소망이 주님께 있는 이유는 주님만이 영원하시고,
불변하시기 때문입니다.
세상에 소망을 두면 언젠가는 실망하게 됩니다.
세상의 그 어떤 것도 소망의 대상이 되지 못합니다.
사람에게 소망을 두는 것은 헛된 일이 되고
물질에 기대는 것도 부질없는 일이 됩니다.
"내가 무엇을 바라리요"
바라는 것은 의지하는 것입니다.
바라는 것은 기대하는 것입니다.
주님을 의지하고 기대하며 살 때 소망이 있습니다.

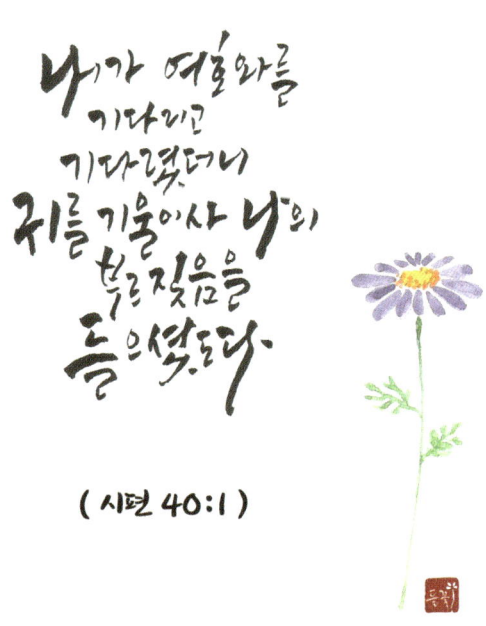

(시편 40:1)

다윗은 기가 막히는 절망적인 상황 가운데서 하나님께 부르짖어 기도했습니다.
하나님을 기다리고 기다렸다는 것은 그만큼 간절하게 기다렸다는 말입니다.
우리가 기도하고 할 일은 하나님의 응답을 기다리는 것입니다.
우리의 기도를 들으시는 하나님께 기대를 가지는 것입니다.
우리는 기도하고 기대하며 기다려야 합니다.
하나님은 자기를 신뢰하고 기다리는 사람의 기도에 응답해 주십니다.
하나님은 기도하고 기다린 다윗을 수렁에서 끌어올려 주시고 그의 걸음을
반석위에 두시고 안전하게 하셨습니다.

"주는 나의 도움이시요 나를 건지시는 이시라"(시40:17)

> 내 영혼아 어찌하여 낙심하며
> 어찌하여 내 속에서 불안하 하는가
> 너는 하나님께 소망을 두라
> 그가 나타나 도우심으로
> 말미암아 내 하나님을 여호와를
> 여전히
> 찬송하리로다
>
> (시편 42:11)

믿음의 사람을 무기력하게 만들고 의욕을 상실하게 하는 것이 낙심입니다.
낙심은 우리의 믿음을 허물어뜨리는 사단의 무기입니다.
우리가 낙심하고 불안해 하는 이유는 무엇입니까?
소망을 잃어버릴 때 낙심하게 되고 불안하게 됩니다.
우리는 상황에만 초점을 맞추면 낙심할 수 밖에 없습니다.
우리의 시선을 하나님께로 향할 때 낙심에서 벗어날 수 있습니다.
"내 영혼아 네가 어찌하여 낙심하며 어찌하여 내 속에서 불안해 하는가"
우리에게 하나님이 계시는데 어찌하여 낙심하고 있습니까?
하나님 안에서 소망을 찾으라고 영혼에게 외칩니다.
그럴 때 하나님의 도우심으로 우리는 다시 찬송할 수 있습니다.

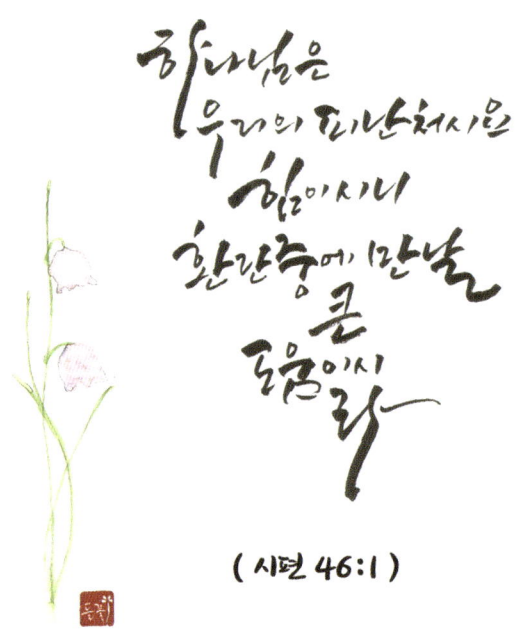

하나님은 우리의 피난처가 되시고, 환난 중에 만날 큰 도움이 되십니다.
하나님은 우리가 환난을 당할 때 고아와 같이 버려두지 않으십니다.
언제나 우리를 도와주시려고 우리 곁에 계십니다.
땅이 흔들리고 산이 바다 가운데에 빠지는 상황에서도 우리가 두려워하지
않을 수 있는 것은 만군의 하나님이 우리와 함께 하시기 때문입니다.
하나님이 우리와 함께 계시면 어떤 풍랑 가운데서도 평안할 수 있습니다.
감옥에 갇혀서도 찬송할 수 있습니다.

"너희는 가만히 있어 내가 하나님 됨을 알지어다"(시46:10)

> 감사로 제사드리는 자가
> 나를 영화롭게 하리니
> 그의 행위를
> 옳게 하는 자에게
> 내가 하나님의
> 구원을 보이리라

(시편 50:23)

감사하며 사는 것은 하나님을 기억하며 사는 것입니다.
모든 일에서 하나님을 잊지 않는 것입니다.
하나님을 잊고 사는 사람에게는 감사함이 없습니다.
그러나 어떤 어려운 순간에도 구원의 하나님을 기억하면 감사가 나옵니다.
감사하며 살 때 감사할 일이 생깁니다.
하나님이 원하시는 것은 감사하는 마음입니다.
감사하는 마음을 제물로 드리는 사람이 하나님을 영화롭게 하는 사람입니다.
감사로 예배하는 자에게 하나님의 구원을 보여 주십니다.

하나님이여
내 속에 정한 마음을
창조하시고
내 안에 정직한
영을
새롭게
하소서

(시편 51:10)

우리가 잊어서는 안 될 중요한 것 중의 하나가 구원의 즐거움입니다.
사람의 제일 되는 목적이 하나님을 영화롭게 하고 그를 영원토록 즐거워하는
것입니다. 우리에게 구원의 즐거움이 항상 있어야 합니다.
하나님이 우리를 구원하신 사실을 늘 기억하며 기뻐하고 즐거워해야 합니다.
"주의 구원의 즐거움을 내게 회복시켜 주소서"
그 즐거움이 날마다 회복되도록 우리는 기도해야 합니다.
우리에게 행하신 하나님의 크고 놀라운 일을 기뻐하고 즐거워하는 마음을
주시기를 구할 때, 주의 자유로운 영으로 우리를 붙들어 주십니다.

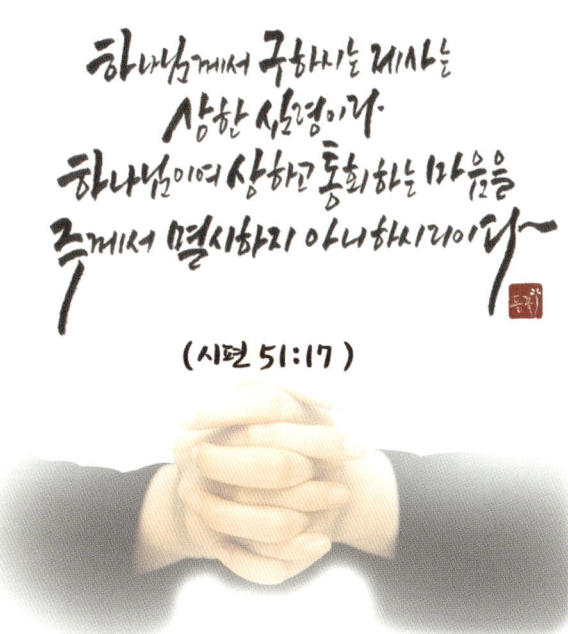

(시편 51:17)

하나님이 찾으시는 마음의 상태는 '상한 심령'입니다.
하나님은 우리가 하나님 앞에 상한 심령을 내어 보이기를 원하십니다.
다윗은 밧세바와 동침한 후에 선지자 나단이 그에게 찾아왔을 때,
자신의 죄과를 감추려고 하지 않았습니다.
상한 심령은 자신의 비참함을 숨기지 않고 하나님 앞에 내어놓는 것입니다.
심판하시는 하나님 앞에 자신이 죄인임을 자백하는 것입니다.
그리고 주님의 용서를 구하며 하나님이 도와 주시기를 바라는 것입니다
하나님은 상하고 통회하는 마음으로 나아오는 자들을 품어주시고 안아
주십니다.

네 짐을
여호와께 맡기라
그가 너를 붙드시고
의인의 요동함을
영원히 허락하지 아니하시리라.

(시편 55:22)

우리의 인생길에 혼자서는 감당하기 어려운 무거운 짐이 있습니다.
 무거운 짐을 나 홀로 지고 견디다 못해 쓰러질 때,
우리의 짐을 대신 져 주시는 분이 계십니다.
"날마다 우리 짐을 지시는 주 곧 우리의 구원이신 하나님을
찬송할지로다"(시68:19)
주님은 우리의 무거운 짐을 주께 맡기라고 부르십니다.
'수고하고 무거운 짐 진 자들아 다 내게로 오라 내가 너희를 쉬게 하리라'
신앙이란 하나님께 맡기는 것입니다.
나의 짐을 하나님께로 굴려 버리는 것입니다.
하나님께 의지할 때 하나님은 붙들어 주십니다.
주님이 붙드시면 '영원히' 흔들리지 않습니다.

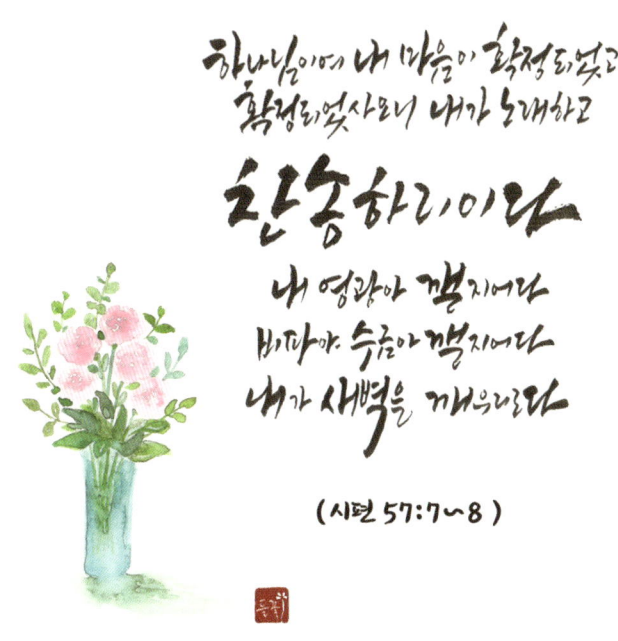

다윗은 자신에게 닥친 위기 가운데 하나님께서 은혜를 베풀어 주시기를
간구하였습니다.
하나님이여 내게 은혜를 베푸소서 내게 은혜를 베푸소서
내 영혼이 주께로 피하되 주의 날개 그늘 아래에서 이 재앙들이
지나기까지 피하리이다 (시57:1)
다른 곳으로 피하지 않고 주님의 날개 아래로 피하겠다고 다짐했습니다.
하나님을 향한 마음이 흔들리지 않도록 다짐하며 찬송하였습니다.
"내 영광아 깰지어다" 새벽을 기다리면서 영혼을 깨웠습니다.
하나님을 신뢰하며 찬송하는 가운데 어두움은 물러가고 영광의 동이 틉니다.
주님을 바라는 자들에게 구원의 새벽이 찾아옵니다.

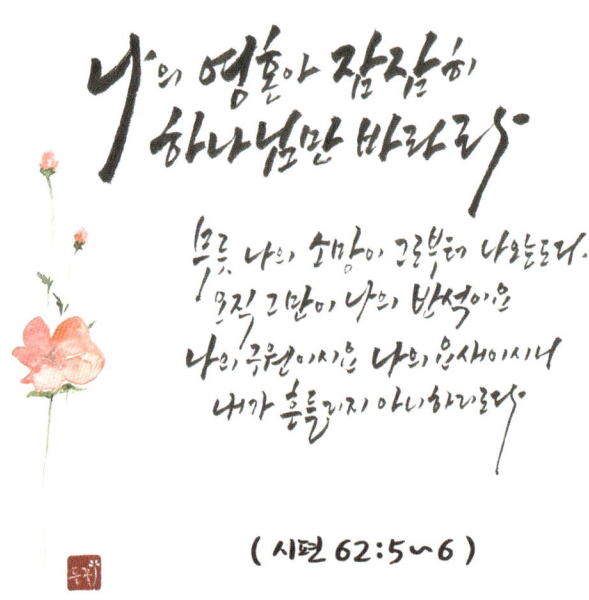

(시편 62:5~6)

잠잠히 하나님만 바라는 것은 구원이 하나님에게서만 나오기 때문입니다.
하나님만 소망이 있기 때문입니다.
어디를 둘러보아도 소망이 보이지 않는 절망적인 상황 속에 흔들리고 있는 영혼에게 하나님을 바라보라고 외치는 것입니다.
하나님만 바라는 것은 다른 수단과 방법을 내려놓고 오직 하나님만 의지하는 것이며 하나님께 모든 것을 맡기는 것입니다.
하나님을 바라고 의지할 때 그 안에서 소망이 생겨납니다.
하나님을 바라는 사람은 흔들리지 않습니다.
하나님이 반석이 되시고, 요새가 되어 주시기 때문입니다.

나의 구원과 영광이 하나님께 있음이여
내 힘의 반석과 피난처도 하나님께 있도다 (시62:7)

> 주께서 택하시고
> 가까이 오게하사
> 주의 뜰에 살게하신
> 사람은 복이
> 있나이다.
> 우리가 주의 집
> 곧 주의
> 성전의 아름다움으로
> 만족하리이다.
>
> (시편 65:4)

누가 복이 있는 사람입니까?
주님께서 선택해 주시고 주님 가까이로 오게 하셔서
주의 집에 살도록 하신 사람이 복이 있는 사람입니다.
우리가 하나님의 백성이 된 것은 나의 선택이 아닙니다.
주님께서 우리를 선택해 주시고 주님 가까이로 불러 주신 것입니다.
우리의 허물을 사해 주시고
우리에게 온갖 좋은 것으로 채워 주셨습니다.
우리에게 주어진 모든 좋은 것은 주님께서 주신 것입니다.
주님이 우리에게 하신 일들을 알게 될 때에
우리는 주님 안에서 만족하게 됩니다.

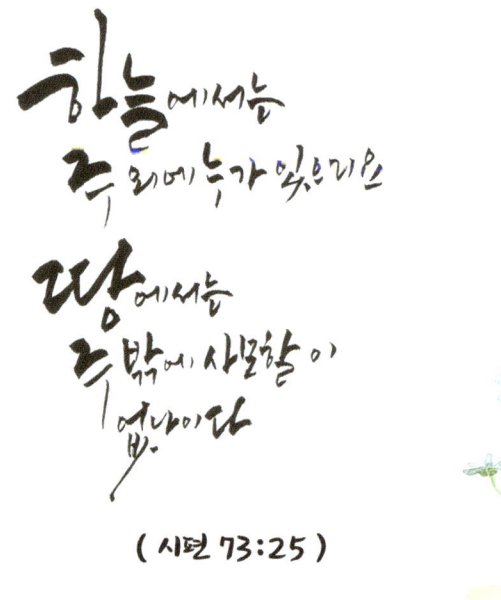

하늘에서는
주 외에 누가 있으리요
땅에서는
주 밖에 사모할 이
없나이다

(시편 73:25)

악인은 형통하고 잘되는데 의인이 고난을 당하는 현실을 마주하게 될 때 우리 믿음이 흔들릴 수 있습니다.
그러나 우리는 하나님 앞에서 비로소 알게 됩니다.
결국은 어떻게 되리라는 것을 깨닫습니다.
하나님 없이 형통한 것은 형통이 아닙니다.
하나님과 함께 하는 것이 형통입니다.
우리가 주님과 함께 하면 주님께서 우리의 오른손을 붙들어 주십니다.
주의 말씀으로 우리를 인도해 주시고
마침내는 주님의 영광에 참여하게 하십니다.
그러므로 하늘에서도, 땅에서도 우리가 바라는 것은
주님 밖에 없습니다.
주님을 가까이 하는 것이 우리에게 복입니다.

> 여호와 하나님은
> 해요 방패시라
>
> 여호와께서 은혜와 영화를 주시며
> 정직하게 행하는 자에게 좋은 것을
> 아끼지 아니하실 것임이니이다
>
> (시편 84:11)

우리는 이 세상에서 무엇을 가치있게 여기며 살아갑니까?
시편기자는 주의 궁정에서 한 날을 사는 것이 다른 곳에서 천 날을 사는
것보다 낫다고 하면서, 악인의 장막에서 편하게 지내기보다는 하나님의
성전 문지기로 있고 싶다고 말합니다.
초라해 보여도 주님과 함께 하는 삶을 더 가치 있게 여겼습니다.
하나님은 주께 의지하는 자에게 좋은 것을 아끼지 아니하실 것이기 때문입니다.
하나님은 우리에게 해요 방패가 되어 주십니다.
은혜와 영화를 내려 주십니다.
주께 힘을 얻고 그 마음에 시온의 대로가 있는 자가 복이 있습니다.

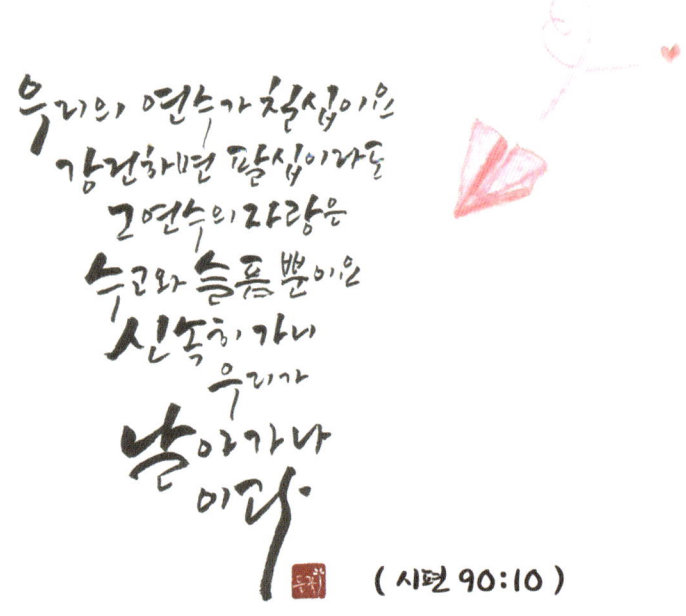

(시편 90:10)

하나님은 영원하신 분이십니다.
그에 비해 우리 인생은 밤의 한 순간과 같습니다.
아침에 피었다가 시드는 풀과 같습니다.
수고와 슬픔의 연속이고 신속히 지나가 버립니다.
시편기자인 모세는 120년의 인생을 살면서 바로의 권세와 궁전의 영광도
경험하였지만 그것이 아무것도 아님을 깨달았습니다.
그래서 하나님께 지혜로운 마음을 구하였습니다.
우리에게 주어진 인생의 날수를 셀 수 있는 지혜로운 마음이 있을 때
우리의 삶을 가치 있게 살 수 있습니다.
주께서 허락하신 날을 만족하며 즐겁고 기쁘게 사는 것입니다.

아침에 주의 인자하심이 우리를 만족하게 하사 우리를 일생 동안 즐겁고
기쁘게 하소서 (시90:14).

(시편 91:14)

우리는 광야와 같은 세상을 살고 있습니다.
이 세상에 근심된 일이 많고 참 평안이 없습니다.
그러나 지존하신 하나님께서 우리를 보호하시고,
전능하신 하나님의 날개 그늘 아래로 피하게 하십니다.
하나님이 우리의 피난처가 되시고 요새가 되어주십니다.
우리를 지키시는 방패와 성벽이 되어 주십니다.
하나님께서는 하나님을 사랑하는 자들을 어려움과 위험에서 지켜주시고
주의 이름을 아는 우리를 높여 주십니다.
하나님은 간구하는 자에게 응답해 주시고 환난 당할 때에 함께 하시며
주의 구원을 우리에게 보여주십니다.

> 오라
> 우리가 굽혀 경배하며
> 우리를 지으신 여호와 앞에 무릎을 꿇자
> 그는 우리의 하나님이시요
> 우리는 그가 기르시는 백성이며
> 그의 손이 돌보시는 양이기
> 때문이라
>
> (시편 95:6~7)

우리가 하나님께 경배해야 할 이유는 무엇입니까?
우리를 지으신 분이시기 때문입니다.
'경배'한다는 것은 바닥에 엎드리는 것입니다.
하나님 앞에 겸손하게 무릎을 꿇는 것입니다.
그는 우리의 하나님이 되시고 우리는 그분의 백성입니다.
하나님께서 그의 손으로 우리를 기르시고 돌보아 주십니다.
하나님이 우리를 돌보아주시면 우리는 안전하고 또한 만족합니다.
우리를 그의 백성, 그의 양으로 삼아주신 하나님께
합당한 경배를 드려야 합니다.
하나님을 예배하는 자에게 참된 안식과 평안이 있습니다.

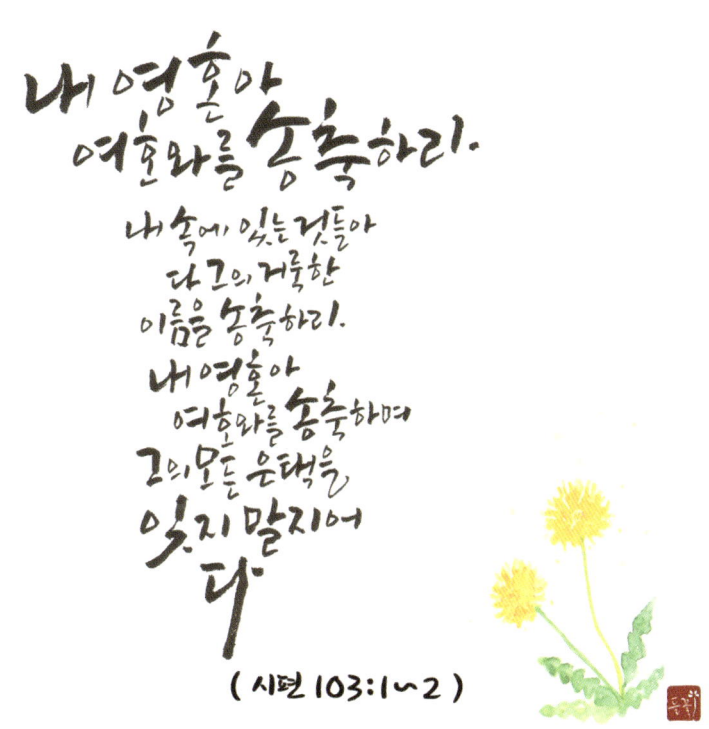

(시편 103:1~2)

우리는 하나님께 받은 은혜가 너무나 크고 셀 수도 없이 많습니다.
그러나 우리의 삶에는
하나님의 은혜에 대한 감사와 찬송이 점점 메말라 갑니다.
하나님의 은혜를 기억하지 않고 감사와 찬송보다 원망과 두려움에 사로잡혀
살아갈 때가 많습니다.
우리는 하나님께서 베푸신 은혜를 기억하고
그 은혜에 늘 감사하고 찬송해야 합니다.
우리가 하나님의 모든 은택을 잊지 않고 송축할 때 하나님은 우리에게 좋은 것으로 흡족하게 채워주시고,
독수리가 날개 치며 올라감 같이 우리를 새롭게 해 주십니다.

> 이에 그들이 그들의
> 고통 때문에
> 여호와께 부르짖으매
> 그가 그들의 고통에서
> 그들을 인도하여 내시고
> 광풍을 고요하게 하사 물결로
> 잔잔하게
> 하시는도다
>
> (시편 107:28~29)

우리의 인생은 마치 항해와도 같습니다.
평온한 날들이 있는가 하면 생각지도 못한 풍랑을 만나기도 합니다.
거센 물결이 일어나 부딪힐 때 우리는 혼돈 속에서 하나님께 부르짖으면
하나님은 우리를 그 고통에서 인도해 내시며 광풍을 고요하게 하시고
물결도 잔잔하게 하십니다.
하나님은 우리가 부르짖을 때 응답하시는
그 선하심과 인자하심이 영원하신 하나님이십니다.
주님을 사모하는 우리 영혼을 만족하게 하시고 주린 영혼에게 좋은 것으로
채워 주십니다.

그들이 평온함으로 말미암아 기뻐하는 중에 여호와께서 그들이 바라는
항구로 인도하시는도다 (시107:30)

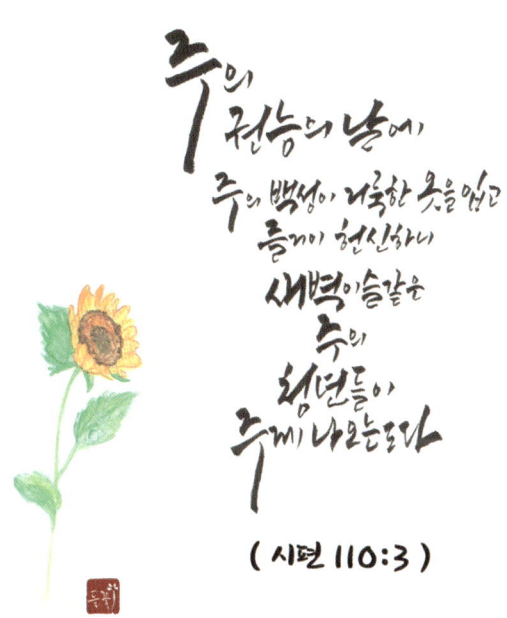

(시편 110:3)

주의 권능의 날은 주님께서 권능으로 임하시는 날입니다.
우리는 주의 백성으로 부름을 받아 의의 거룩한 옷을 입고 주님께 나아갑니다.
우리는 그리스도 안에서 새롭게 태어난 새벽이슬과 같은 정결한 성도입니다.
우리는 청년과 같이 힘 있는 모습으로 주께 헌신하며 즐겁게 나아갑니다.
거룩한 옷을 입고 새벽이슬 같은 청년의 모습으로 주님께 나아가는 모습이
바로 우리의 헌신된 모습입니다.
우리 주 예수 그리스도께서 권능으로 다스리시는 그 나라의 백성이 된
우리는 복 받은 자들입니다.

(시편 113:3)

해 뜨는 곳에서부터 해 지는 데에까지 모든 곳에서,
그리고 지금부터 영원까지 모든 시간에 하나님은 우리의 찬양을 받으시기에
합당하신 분이십니다.
우리는 언제 어느 곳에서든지 하나님의 이름을 높이고 찬양해야 합니다.
"여호와 우리 하나님과 같은 이가 누구리요" 우리 하나님 같은 이가 없습니다.
하나님은 우리를 위해 스스로 낮아지셨습니다.
스스로 자기를 낮추셔서 낮은 우리와 함께 하십니다.
우리가 영원까지 하나님의 이름을 찬송해야 할 분명한 이유입니다.

> 여호와께서 우리를 생각하사 복을 주시되
> 이스라엘 집에도 복을 주시고
> 아론의 집에도 복을 주시며
> 높은 사람이나 낮은 사람을 막론하고
> 여호와를 경외하는 자들에게
> 복을 주시리로다
>
> (시편 115:12~13)

하나님은 우리에게 복을 주시는 분이십니다.
하나님은 복 주시기를 기뻐하시며,
하나님은 구하는 자에게 모든 좋은 것으로 만족하게 하십니다.
하나님이 주시는 복은 우리 삶의 모든 영역을 만족하게 합니다.
하나님 외에는 그 누구도, 세상의 그 무엇도
우리에게 진정한 복이 되지 못합니다.
하나님은 아무런 차별이 없이 우리에게 복을 주십니다.
하나님이 주시는 복은 우리의 노력의 댓가로 받는 것이 아닙니다.
하나님을 경외하는 자에게 주시는 은혜의 선물입니다.

너희는 천지를 지으신 여호와께 복을 받는 자로다 (시115:15)

> 청년이 무엇으로 그의 행실을
> 깨끗하게 하리이까
> 주의 말씀만 지킬 따름이니이다

(시편 119:9)

청년이 어떻게 해야 그 인생을 깨끗하게 살아갈 수 있겠습니까?
주의 말씀을 따라 사는 길, 그 길 뿐입니다(표준새번역).
청년의 때에 무엇보다 우선시 되어야 하는 것이 '깨끗함'입니다.
그러나 세상은 육신의 정욕, 안목의 정욕, 이생의 자랑으로 가득합니다.
청년이 그의 행실을 깨끗하게 하려면 주의 말씀을 마음에 두고 말씀에
순종하는 것 밖에는 없습니다.
끊임없이 우리를 흔드는 마귀의 유혹들로부터 이길 수 있는 길은
오직 하나님의 말씀뿐입니다.
하나님의 말씀을 기억해야 합니다. 말씀에 붙들려야 합니다.
너는 청년의 때에 너의 창조주를 기억하라 (전 12:1)

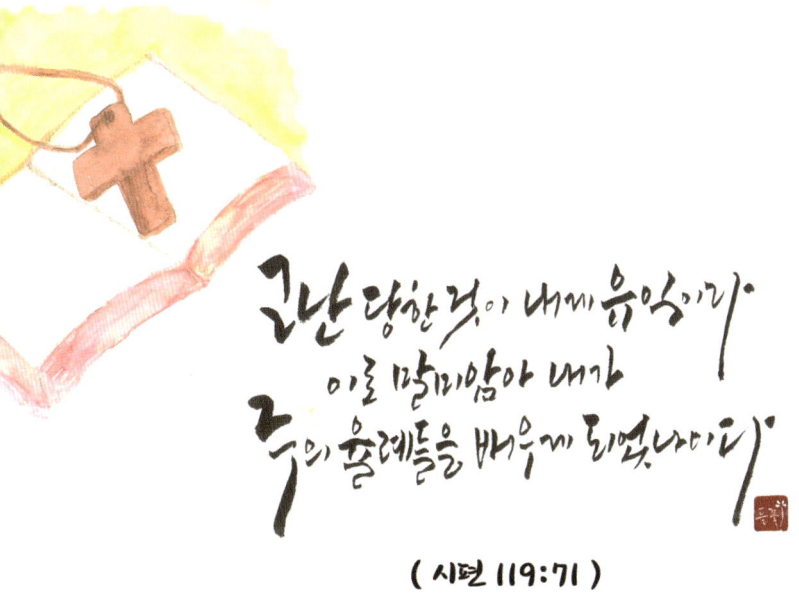

(시편 119:71)

우리의 인생은 고난의 연속입니다.
고난이 없는 인생은 없습니다.
아담의 불순종이 인류에게 고난을 가져왔습니다.
불순종 때문에 고난이 왔다면 순종은 복을 가져옵니다.
말씀에 순종하면서 고난을 통과해야 합니다.
고난은 우리 영혼을 깨어있게 만듭니다.
고난 속에서 우리는 하나님을 찾고 의지하게 됩니다.
고난을 통해 지혜를 배우게 됩니다.
무엇보다 고난 가운데 우리와 함께 하시는 하나님을 만나게 됩니다.
고난의 의미를 깨닫게 될 때 고난은 우리에게 유익이 됩니다.

> 내가 주의 법을
> 어찌 그리
> 사랑하는지요
> 내가 그것을
> 종일
> 작은 소리로 읊조리
> 나이다
>
> (시편 119:97)

우리가 더 깊은 신앙으로 나아가는 방법은
하나님의 말씀을 묵상하는 것입니다.
말씀묵상을 통해 하나님의 말씀이 내 마음과 생각을
붙들도록 하는 것입니다.
말씀이 우리 삶을 이끌어 가도록 하는 것입니다.
작은 소리로 읊조리는 것이 묵상입니다.
소가 되새김질을 하듯이 말씀을 되뇌는 것입니다.
하나님을 사랑하는 사람은 하나님의 말씀을 사랑합니다.
주님을 사랑하는 증거가 그 말씀을 사랑하는 것입니다.
말씀을 사랑하니까 그 말씀을 종일 묵상하는 것입니다.
"주의 말씀의 맛이 내게 어찌 그리 단지요 내 입에 꿀보다
더 다니이다" (시119:103)

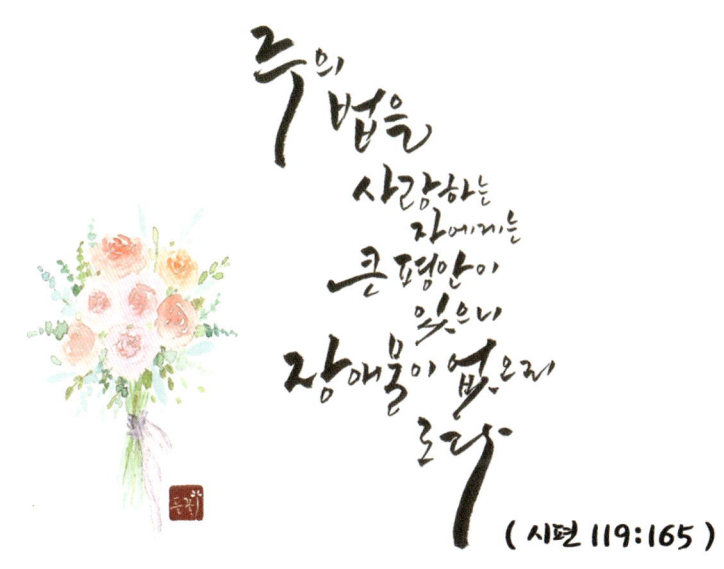

(시편 119:165)

하나님은 하나님의 말씀을 사랑하는 사람에게 큰 평안을 주십니다.
큰 평안이 있는 사람에게는 장애물이 장애가 되지 않습니다.
하나님의 말씀은 장애물을 넘어서는 평안을 우리에게 줍니다.
큰 평안이 있는 사람은 장애물 때문에 오히려 신앙이 더 성숙해 집니다.
그래서 주의 말씀을 통해 하루 일곱 번씩 주를 찬양합니다.
말씀을 사랑할 때 찬양을 하게 됩니다.
매순간마다 주님을 찬양하면서 장애물을 넘어섭니다.

주의 법을 사랑하는 자들은 마음이 평안하여 아무도 그들을 넘어뜨릴 수 없습니다(쉬운성경).

> 내가 산을 향하여 눈을 들리라
> 나의 도움이 어디서 올까
> 나의 도움은 천지를 지으신
> 여호와에게서로다
>
> (시편 121:1~2)

흔들리고 변화하는 세상에서 우리의 시선이 향할 곳은 하나님이 계신 곳입니다.
천지를 지으신 하나님이 우리의 도움이 되십니다.
하나님은 졸지도 아니하시고 주무시지도 않으시고 우리를 지켜주십니다.
우리의 오른편에서 그늘이 되어 주시고,
낮의 해나 밤의 달도 우리를 상하지 못하게 보호하십니다.
하나님은 우리를 모든 환난에서 지켜 주십니다.
우리 영혼까지도 지켜주시고 우리를 영원토록 지켜주십니다.
하나님만이 우리의 진정한 도움이시고 예배의 대상입니다.

여호와께서 너의 출입을 지금부터 영원까지 지키시리로다 (시121:8)

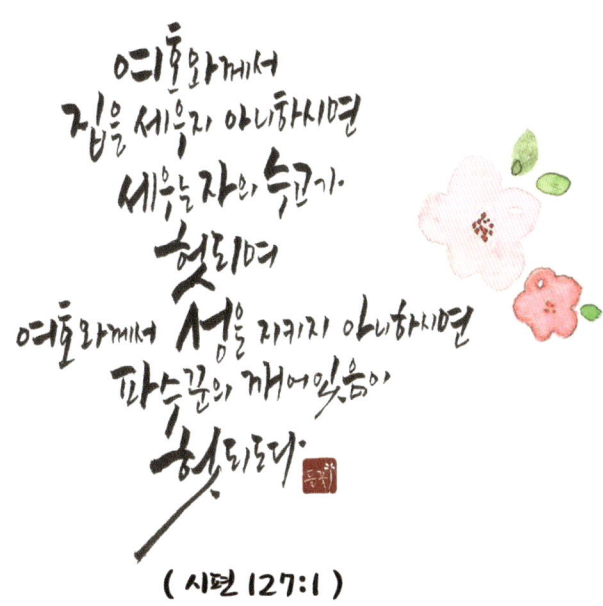

(시편 127:1)

우리는 한평생동안 인생이라는 집을 세워갑니다.
그러나 우리가 수고로이 노력해도 하나님이 세워주시지 않으면
모든 수고가 헛됩니다.
열심을 다해 인생이라는 성을 쌓아 올려도 하나님이 지켜 주시지 않으면
우리의 깨어 있는 모든 것이 헛되고 맙니다.
일찍이 일어나서 늦게까지 수고하는 모든 노력들이 하나님이 함께
하시지 않으면 헛된 일이 됩니다.
우리의 인생을 세우시는 분도 하나님이시고 지키시는 분도 하나님입니다.
하나님은 우리의 수고의 결과를 하나님께 맡기라고 하십니다.
하나님은 그의 사랑하시는 자에게 근심 대신 찬송을 주시고 단잠을 주십니다.
하나님 안에서 안식을 누리게 하십니다.

> 실로
> 내가 내 영혼으로
> 고요하고 평온하게
> 하기를
> 젖뗀 아이가
> 그의 어머니 품에 있음 같게
> 하였나니 내 영혼이
> 젖뗀 아이와
> 같도다

(시 131:2)

하나님은 마음이 겸손한 사람에게 그 영혼을 고요하고 평온하게 하십니다.
젖 뗀 아이가 어머니 품에 안겨있는 것 같은 평안을 누리게 하십니다.
어머니 품 안에서 더 이상 바랄 것이 없는 안정과 만족을 누리는 마음을 갖게 하십니다.
내게 주신 은혜에 만족하는 마음이 겸손입니다.
겸손한 마음은 하나님을 기쁘시게 합니다.
겸손한 사람은 모든 염려를 하나님께 맡기고 의지합니다.
어린아이같이 하나님을 신뢰하고 의지하는 사람에게 하나님은 절대평안을 주십니다.

이스라엘아 지금부터 영원까지 여호와를 바랄지어다 (시131:3)

(시편 133:1)

하나님은 하나님의 백성들이 형제로서 연합하고 서로 화목하기를 바라십니다.
형제가 연합하여 화목하게 사는 것을 선하고 아름답게 여기십니다.
우리는 그리스도 안에서 한 피 받아 한 몸 이룬 형제요 자매들입니다.
우리가 주님 안에서 한 가족으로 연합하고 함께 교제하는 공동체를 이루는
것을 하나님이 아름답게 보십니다.
개인도 소중하지만 공동체는 더욱 귀중합니다.
우리는 공동체로 연합하여 하나되는 일에 힘써야 합니다.
우리가 연합하여 한 마음으로 하나님을 섬길 때
하나님의 은혜가 이슬처럼 내리게 됩니다.
형제가 연합하여 하나된 그곳에 하나님이 복을 내려주십니다.
영생을 주십니다.

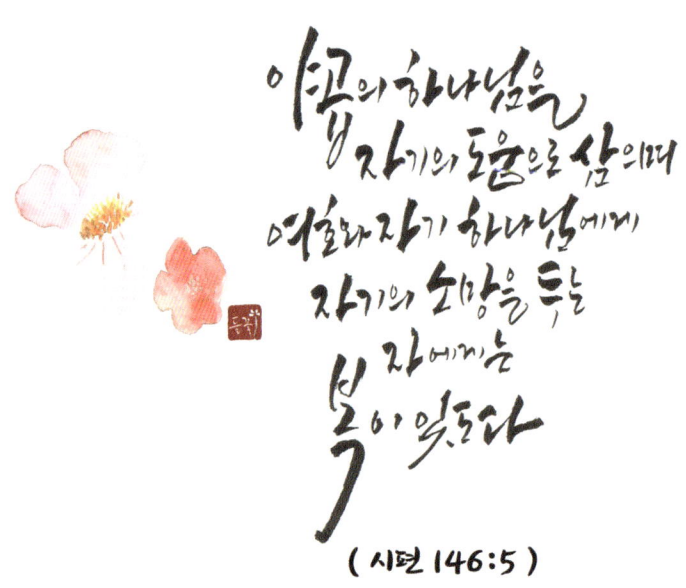

(시편 146:5)

우리가 진정으로 의지해야 할 대상이 누구입니까?
시편기자는 도울 힘이 없는 인생을 의지하지 말라고 말씀합니다.
우리는 하나님을 자기 도움으로 삼고 하나님께 소망을 두어야 합니다.
여호와 하나님을 자기 하나님이라고 부를 수 있는 사람은 복 있는 사람입니다. 우리의 도움이 되시는 하나님은 천지와 바다와 그 중의 만물을 지으신 하나님이십니다.
우리에게 영원히 진실함을 지키시는 분이십니다.
하나님께 도움을 구하고 소망을 두는 자를 의인으로 인정하시고
사랑하시고 보호하시고 붙들어주십니다.

시온아 여호와는 영원히 다스리시고 네 하나님은 대대로 통치하시리로다 할렐루야(시146:10)

(시편 150:6)

누가 하나님을 찬양해야 합니까?
호흡이 있는 모든 자들은 하나님을 찬양해야 합니다.
하나님이 우리에게 호흡을 불어넣어 주셨습니다.
하나님으로부터 생명의 호흡을 받은 모든 자들은
하나님을 찬양함이 마땅합니다.
우리는 하나님의 전능하심을 찬양하며 그 위대하심을 찬양해야 합니다.
나팔과 비파와 수금으로 모든 것이 하나님을 찬양하는 도구가 되어야
합니다. 우리는 이 땅에서도 찬양하며 천상에 올라가서도
영원히 하나님을 찬양하게 될 것입니다.
복 있는 사람은 여호와 우리 하나님을 찬양하는 사람입니다.
할렐루야!

> 여호와를 경외하는 것이
> 지식의 근본이거늘
> 미련한 자는
> 지혜와 훈계를
> 멸시하느니라

(잠언 1:7)

하나님을 경외하는 것이 지혜와 지식의 출발점입니다.

경외하는 것은 '존경하는 마음으로 삼가 조심하는 것'입니다.

하나님의 거룩하심에 대해 공경하는 마음으로 가지는 두려움입니다.

하나님을 경외하는 마음이 말씀을 듣게 만듭니다.

말씀을 들을 때 지혜와 지식이 생겨납니다.

말씀을 들을 때 다시 하나님을 경외하는 마음이 생겨납니다.

미련한 자는 지혜와 훈계를 멸시하고 말씀을 하찮게 여깁니다.

하나님의 말씀을 무시하고 하찮게 여기는 마음에는 지혜가 생길 수가 없습니다.

오직 내 말을 듣는 자는 평안히 살며 재앙의 두려움이 없이 안전 하리라
(잠1:33)

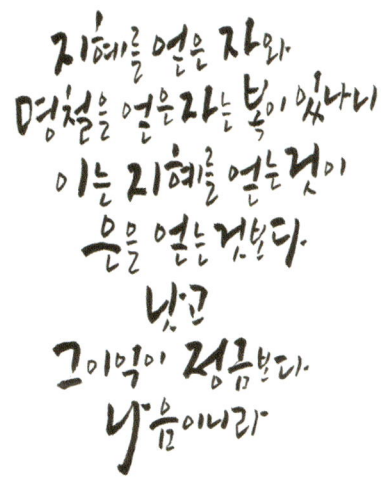

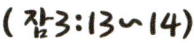

(잠3:13~14)

지혜를 얻는 것이 은금을 얻는 것보다 낫습니다.
그렇기 때문에 은을 구하는 것 같이 지혜를 구하고, 감추어진 보배를 찾듯이
명철을 찾아서 그것을 얻은 자가 복이 있습니다.
지혜는 세상에서 가치 있게 여기는 그 어떤 것보다 더 귀한 것입니다.
억만금을 가졌다 해도 지혜가 없으면 그것 때문에 오히려 인생을 망치기도 합니다.
지혜는 궁극적으로 우리 주 예수님을 가리킵니다.
주 예수 보다 더 귀한 것은 없습니다.
예수님은 만복의 근원이시고 만왕의 왕이십니다.

그 길은 즐거운 길이요 그의 지름길은 다 평강이니라
지혜는 그 얻은 자에게 생명 나무라 지혜를 가진 자는 복되도다 (잠3:17~18)

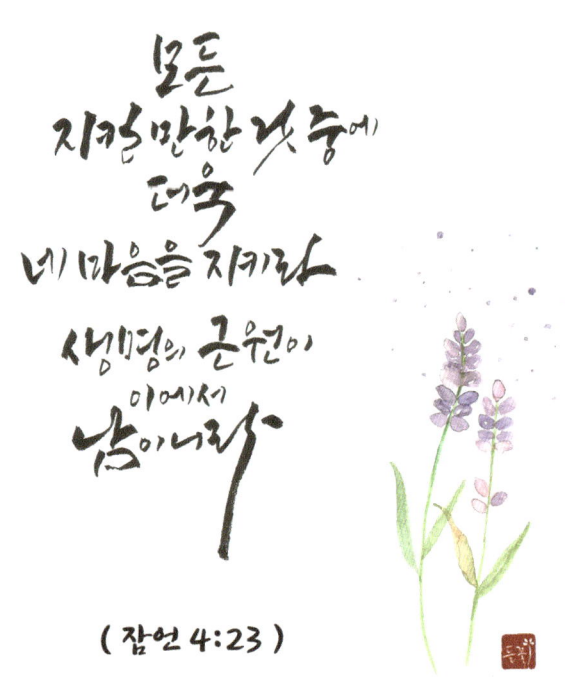

(잠언 4:23)

우리의 마음은 너무나 중요합니다.
우리가 어떤 마음을 품고 사는 가에 따라서 삶이 결정됩니다.
마음에 지혜의 말씀이 있으면 지혜로운 삶을 살게 되지만 어리석은 생각으로 가득하면 어리석은 삶이 되고 맙니다.
그래서 "내 말을 네 마음에 두라"고 말씀합니다.
바울은 "너희 안에 그리스도 예수의 마음을 품으라"고 말씀합니다.
예수님을 우리 마음에 품으면 주님께서 우리의 마음과 생각을 지켜 주십니다.
그 어떤 것보다 우리 마음을 잘 지키는 것이 중요합니다.
마음에서 생명의 근원이 나오기 때문입니다.

지혜를 버리지 말라 그가 너를 보호하리라 그를 사랑하라 그가 너를 지키리라
(잠언4:6)

> 가난한 사람을
> 학대하는 자는
> 그를 지으신 이를
> 멸시하는 자요
> 궁핍한 사람을 불쌍히
> 여기는 자는
> 주를 공경하는
> 자니라
>
> (잠언 14:31)

하나님은 우리를 하나님의 형상대로 지으셨습니다.
우리는 하나님의 형상을 드러내는 존귀한 존재입니다.
하나님 안에서 우리 모두는 귀하게 여김을 받아야 합니다.
성경은 특별히 고아와 과부와 나그네와 같은 약자들을 돌아 보고
보호하라고 말씀합니다.
가난한 사람을 학대하는 것은 그를 지으신 하나님을 멸시하는 것입니다.
그러나 궁핍한 사람을 불쌍히 여기고 그에게 은혜를 베푸는 것은
그를 지으신 하나님을 공경하는 것이 됩니다.
가난하고 소외된 이웃을 돌아 보는 것이
이 땅에 하나님 나라를 실현하는 방법입니다.

가난한 자를 불쌍히 여기는 것은 여호와께 꾸어 드리는 것이니
그의 선행을 그에게 갚아 주시리라 (잠언19:17)

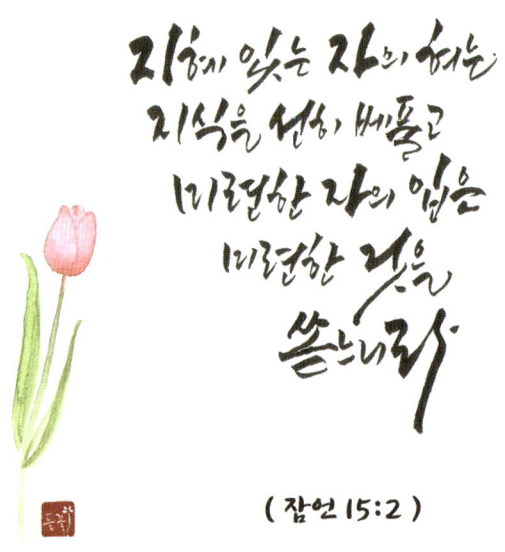

(잠언 15:2)

지혜 있는 자와 미련한 자는 그가 하는 말을 통해 드러납니다.
상대방의 감정을 격동시키는 말을 하는 사람이 있는가 하면
사람의 분노를 누그러뜨리는 말을 하는 사람이 있습니다.
말로 마음에 상처를 주기도 하지만 말로 용기와 희망을 주기도 합니다.
죽고 사는 것이 혀의 힘에 달렸나니 혀를 쓰기 좋아하는 자는 혀의
열매를 먹으리라(잠18:21) 했습니다.
의인의 마음은 대답할 말을 깊이 생각하지만 악인의 입은 악한 말을
쏟아 냅니다.
함부로 말을 내뱉지 말고 깊이 생각하고 말하는 사람이 지혜로운 사람입니다.

사람은 그 입의 대답으로 말미암아 기쁨을 얻나니 때에 맞는 말이 얼마나
아름다운고 (잠15:23)

(잠언 16:9)

사람이 자기가 계획을 세운다고 그대로 다 되는 것이 아닙니다.
하나님께서 그 걸음을 인도해 주셔야 합니다.
제비뽑기를 사람이 해도 그 모든 결정은 하나님께 달려 있습니다.
내 힘으로 모든 것을 이루어 낸 것처럼 교만해서는 안 됩니다.
교만은 패망의 선봉이요 거만한 마음은 넘어짐의 앞잡이입니다.
우리가 하나님을 기쁘시게 하면 하나님이 우리의 걸음을 지켜주시고
인도해 주십니다.

사람의 행위가 여호와를 기쁘시게 하면 그 사람의 원수라도 그와 더불어
화목하게 하시느니라 (잠언16:7)

> 많은 재물보다
> 명예를 택할 것이요
> 은이나 금보다
> 은총을 더욱 택할
> 것이니라

(잠언 22:1)

오늘날은 재물을 성공의 척도로 여깁니다.
세상은 은과 금을 최고의 가치로 삼습니다.
그러나 지혜 있는 사람은 명예와 은총을 더 가치 있게 여깁니다.
지혜는 무엇이 더 가치 있는 것인지를 분별할 줄 아는 것입니다.
하나님의 사람은 재물을 추구하기보다
명예를 더 가치 있게 여기고 추구해야 합니다.
명예는 하나님께 인정받는 것입니다.
하나님께 인정받는 사람이 은총을 받습니다.
하나님의 은총을 받는 삶이 가치 있는 삶입니다.

겸손과 여호와를 경외함의 보상은 재물과 영광과 생명이니라
(잠언22:4)

마땅히 행할 길을
아이에게 가르치라
그리하면 늙어도
그것을
떠나지 아니하리라

(잠언 22:6)

우리는 하나님의 자녀로서 마땅히 행할 길이 있습니다.
하나님께서는 그의 백성이 마땅히 행해야 할 말씀을 주셨습니다.
우리가 그 말씀대로 순종하며 살면 복되고 형통하게 됩니다.
우리 자녀들에게 어려서부터 말씀으로 가르쳐야 마땅히 행할 길에서
벗어나지 않습니다.
자녀들이 일평생을 말씀 안에 머무르게 됩니다.
늙어서도 말씀을 떠나지 않게 됩니다.
어릴 때부터 늙어서까지 평생토록 말씀 안에 살도록 하는 것이 복입니다.

너는 귀를 기울여 지혜 있는 자의 말씀을 들으며 내 지식에 마음을 둘 지어다 (잠언22:17)

> 너는 내일 일을
> 자랑하지 말라
> 하루 동안에
> 무슨 일이 일어날는지
> 네가 알 수
> 없음이
> 니라

(잠언 27:1)

우리는 내일이 내 손에 쥐어져 있는 것처럼 여기며 살아갑니다.
어리석은 사람은 내일 일을 장담하고 큰 소리를 칩니다.
하지만 우리에게 내일은 보장되어 있지 않습니다.
우리는 오늘 하루 동안에도 무슨 일이 일어날지 모릅니다.
우리의 내일은 하나님께 달려 있습니다.
그러므로 내일을 자신하지 말고 오늘을 성실하게 살아야 합니다.
내일을 하나님께 맡기고 오늘 하나님의 인도하심을 구하는 자가
겸손한 사람입니다.

하나님은 이르시되 어리석은 자여 오늘 밤에 네 영혼을 도로
찾으리니 그러면 네 준비한 것이 누구의 것이 되겠느냐 (눅12:20)

> 철이 철을
> 날카롭게 하는 것같이
> 사람이 그의 친구의 얼굴을
> 빛나게
> 하느니라

(잠언 27:17)

좋은 친구가 있다는 것은 인생에서 큰 복 중의 하나입니다.
좋은 친구는 서로의 얼굴을 빛나게 해 줍니다.
서로의 성장을 위해 희생하며 도와줍니다.
다윗과 요나단처럼 서로에게 충실할 때 좋은 친구가 됩니다.
성경은 "서로 돌아보아 사랑과 선행을 격려하라"고 말씀합니다.
서로를 유익하게 하고 빛나게 만드는 사람이 좋은 친구입니다.
도가니와 풀무로 좋은 은과 금을 만들어 내듯이
칭찬은 좋은 친구를 만들어 냅니다.

도가니로 은을, 풀무로 금을, 칭찬으로 사람을 단련하느니라
(잠언27:21)

신약 전서 에서

일러두기: 본문 내 캘리그라피로 작업한 모든 성경문구는 [개역개정 성경전서]를 인용하였습니다

오경제 목사

총신대학교 신학과(B.A) 졸업
총신대학교 신학대학원(M.div) 졸업
숭실사이버대학교 노인복지학과(B.A) 4년 재학중

인천성일교회
강남교회
온사랑교회
현) 내일교회 시무
E_Mail : okjcute@naver.com

(마태복음 1:21)

예수님은 우리를 죄에서 구원하시기 위해 이 땅 가운데 오셨습니다.
그리고 우리를 자기 백성이라고 부르십니다.
인생을 살면서 우리가 꼭 기억해야 할 단어는 '예수'입니다.
'예수'의 이름을 믿고 의지할 때,
우리는 하나님의 백성으로 구원의 기쁨을 누리게 됩니다.
죄의 문제를 해결하기 위해 오신 예수님이
당신의 모든 문제를 평강으로 이끄실 것입니다.

> 애통하는 자는 복이 있나니 그들이 위로를 받을 것임이요
> (마태복음 5:4)

애통하는 것은 '심히 근심하며(고후12:21)',
'고통스럽게 슬퍼하는 것(마 9:15)' 입니다.
이것은 스스로 삭일 수 없는 큰 슬픔으로 채워진 인생과도 같습니다.
하나님은 애통하는 자에게 찾아오셔서 위로를 주십니다.
하나님의 위로는 이 세상에서 경험하는 그 어떤 위로보다
큰 은혜로 채워집니다.
모든 것을 포기하고 절망적인 상황이 닥쳐올 지라도
하나님이 나를 위로하실 것이라는 확신을 붙들어야 합니다.

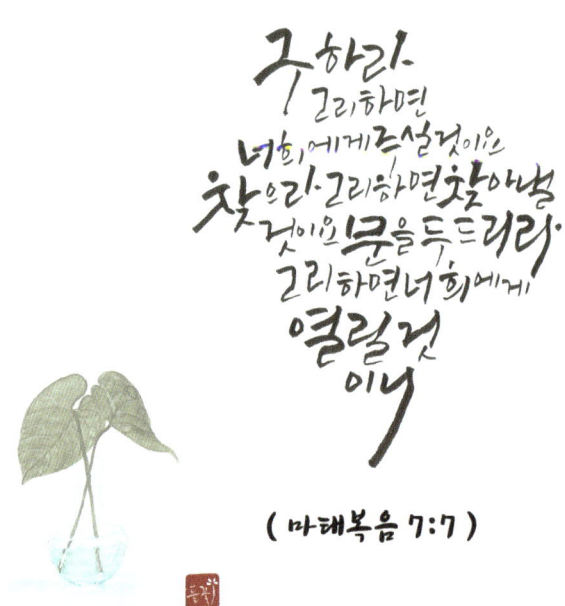

(마태복음 7:7)

내 힘으로는 더 이상 아무것도 할 수 없을 때,
우리는 모든 것을 내려놓고 하나님의 도우심을 구해야 합니다.
특히 산상수훈 가르침의 마지막 단락에 있는 이 말씀은
사람과의 관계에서 비판의 말이 오가며
마음이 찢기고 상한 성도가 기억해야 할 말씀입니다.
하나님은 상한 심령을 위로하시고,
하나님의 도우심을 구하는 기도에 아버지의 마음으로 돌보시고
응답하신다고 약속하십니다.

(마태복음 9:35)

예수님의 갈릴리 사역은
'가르치는 사역(teaching), 복음을 전파하는 사역(preaching),
고치는 사역(healing)'입니다.
한 영혼을 향한 예수님의 마음은 복음으로 우리를 인도하시고,
우리의 모든 약한 것을 고치시고자 하는 마음입니다.
예수님은 우리의 약함을 하시고, 아픔을 함께하시는 분입니다.

"우리에게 있는 대제사장은 우리의 연약함을 동정하지 못하실 이가 아니요
모든 일에 우리와 똑같이 시험을 받으신 이로되 죄는 없으시니라"(히4:15)

(마태복음 11:28)

사람의 일생은 무거운 짐을 지고 가는 먼 길과 같다고 합니다.
인생을 살아가다보면 누구나 큰 폭풍우가 몰아칠 때가 있습니다.
관계, 직장, 가정, 자녀, 부모, 경제적인 어려움 등
아무리 수고해도 무거운 짐이 벗어지지 않을 때가 있습니다.
분주한 일상 속에 지쳐있고,
쉼을 얻지 못하고 있는 우리에게 예수님은 말씀하십니다.
내게로 오라, 내가 너희를 쉬게 하리라
예수님 앞에 모든 무거운 짐을 내려놓을 때,
예수님께서 우리를 대신해서 짐을 지실 것입니다.
예수님 앞으로 나아갑시다.

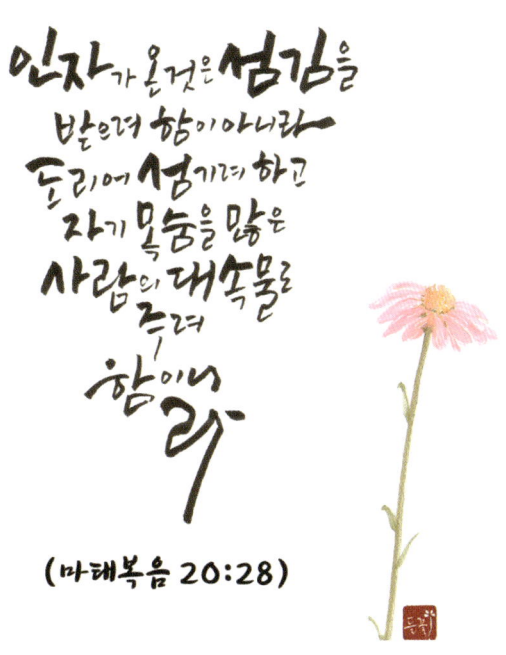

(마태복음 20:28)

하나님 나라의 주인이신 예수님께서
자기의 목숨을 대속물로 주셨습니다.
대속물은 '속전'으로 노예를 해방시키거나
포로를 석방하기 위해 지불하는 몸값을 의미합니다.
죄에 얽매인 인류를 구원하기 위해 예수님은 우리를 사랑하시며,
우리를 위해 십자가에 달리셨습니다.
인생을 살아가면서 믿음이 흔들릴 때,
십자가의 사랑을 붙들고 믿음을 굳건하게 합시다.

(마태복음 20:34)

예수님께서는 맹인 두 사람이 길가에 앉아 있을 때,
그들을 불쌍히 여기시고 눈을 열어 보게 하십니다.
눈을 만지시는 표현은 인간이 겪는 고통에 대한 하나님의 아픈 마음이
치료보다 앞서고 있음을 보여줍니다.
신앙생활 하면서 하나님께서 과연 나의 고통을 아실까?
생각할 때가 있습니다.
그러면서 하나님을 원망하기도 합니다.
그러나 하나님은 우리를 불쌍히 여시기며,
우리의 아픔을 먼저 아시고 만져주시는 분이십니다.

> 또 이르시되
> 안식일이
> 사람을 위하여
> 있는 것이요
> 사람이 안식일을
> 위하여
> 있는 것이 아니니
> 이러므로
> 인자는
> 안식일에도
> 주인이니라.
> (마가복음 2:27~28)

예수님은 안식일을 성취하신 분입니다.
그렇기 때문에 안식일이라는 특정한 날을 통해서가 아닌 예수님 안에서
우리는 참 된 쉼(안식)을 누릴 수 있습니다.
예수님은 스스로 안식일의 주인이라고 말씀하십니다.
그래서 우리는 안식일이 아닌 예수님을 부활을 중심으로 주일을 지킵니다.
직업이 다양화되고, 주일에도 꼭 근무해야 하는 직업이 있습니다.
비록 교회에 나와서 성도들과 함께 예배할 수 없을 수 있지만,
우리가 주일을 보내며 꼭 기억해야 하는 것은
예수님을 나의 삶의 주인으로 모시는 것입니다.
그리고 예수님과 교제하는 삶을 살아가며
내 삶이 하나님께 영광 돌리는 삶인지 점검하는 것입니다.
주일의 주인이 예수님이고, 주일이 사람을 향하고 있다면,
우리는 예수님과 온전한 사귐이 있는 주일을 보내야 합니다.

> 주의 성령이
> 내게 임하셨으니
> 가난한 자에게
> 복음을 전하게
> 하시려고
> 내게 기름을 부으시고
> 나를 보내사
> 포로된 자에게
> 자유를
> 눈먼 자에게
> 다시 보게 함을
> 전파하며
> 눌린 자를 자유롭게
> 하고
>
> **(누가복음 4:18)**

예수님께서 회당에서 가르치실 때,
이사야 선지자의 글을 인용하며 '종의 사명'을 밝힙니다.
가난한 자에게 복음을 전하고, 포로 된 자에게 자유를,
눈 먼 자에게 다시 보게 함을 전파하며 눌린 자를 자유롭게 합니다.
헬라어 칠십인역(LXX)에는 '마음이 상한 자를 고치며'라는 부분이 있습니다.
마음이 상해 있을 때 우리의 상한 마음을 고치시는 은혜의 자리에 나아갑시다.

가까이 가서
기름과 포도주를 그 상처에
붓고 싸매고
자기 짐승에 태워
주막으로 데리고
가서
돌보아 주니라.

(누가복음 10:34)

자비를 베푼 사마리아 사람에 대한 비유입니다.
강도를 만나 모든 것을 빼앗기고 버려져 있는 한 사람에게
사마리아 사람은 가까이 가서 기름과 포도주로 그 상처를 치료하고,
주막으로 데려가 돌봅니다.
우리의 인생이 강도를 만난 사람과 같은 때가 있습니다.
모두가 내 곁을 떠나고 아무도 돌보려 하지 않을 때,
하나님은 우리를 끝까지 돌보시는 분이십니다.
하나님은 우리를 신실하게 지키시고 보호하십니다.

(누가복음 19:10)

예수님은 모든 사람들이 싫어했던 세리장 삭개오에게 찾아 오셨습니다.
그리고 삭개오의 집으로 들어가셨습니다.
죄인이라고 생각했던 삭개오의 집에 들어가시고
구원을 선포하는 예수님의 행동을 사람들은 이해 할 수 없었습니다.
 예수님은 삭개오의 외로운 마음과 영적인 필요를 아셨습니다.
그리고 우리의 외로움과 영적인 필요를 채우십니다.

'인자의 온 것은 잃어버린 자를 찾아 구원하려 함이니라'

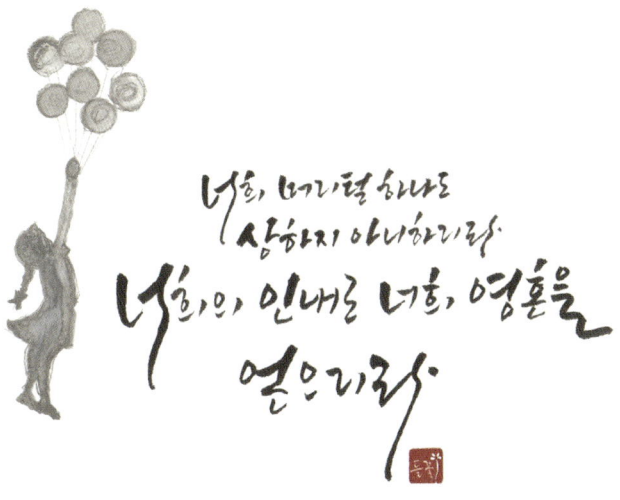

(누가복음 21:18~19)

하나님은 우리를 지키시고 보호하시는 분이십니다.
우리의 머리털 하나도 상하지 않도록 보호하시는 분이십니다.
그러나 하나님의 보호하심에도 불구하고
우리의 고통스러운 기간이 바로 끝나는 것은 아닙니다.
그래서 인내가 필요합니다.
하나님의 보호하심 안에서 인내하는 것은 하나님을 만나는 시간이며,
결국 우리의 영혼이 소생케 되는 기쁨을 경험하게 되는 시간입니다.

> 하나님이 세상을 이처럼 사랑하사 독생자를 주셨으니 이는 그를 믿는 자마다 멸망하지 않고 영생을 얻게 하려 하심이니라
>
> (요한복음 3:16)

인생에는 두 가지의 길이 있습니다.
멸망의 길과 영원한 생명의 길입니다.
예수님을 믿지 않는다면, 결국 인생은 멸망의 길로 가게 됩니다.
그러나 예수님을 믿는 사람이라면 영원한 생명의 길로 가게 됩니다.
하나님의 임재 속에서 풍성한 기쁨과
헤아릴 수 없는 영원한 복을 누릴 수 있습니다.

> 나는 생명의 떡이니 내게 오는 자는 결코 주리지 아니할 터이요 나를 믿는 자는 영원히 목마르지 아니하리라
>
> (요한복음 6:35)

영혼이 메마르고, 영혼의 갈증이 느껴질 때가 있습니까?
그 무엇으로도 채울 수 없는 이 갈증을
생명의 떡이 되시는 예수님께서 채워주십니다.
예수님께 가까이 나아가 믿음을 고백할 때,
영원히 목마르지 않고 주리지 않는 생명을 얻게 됩니다.

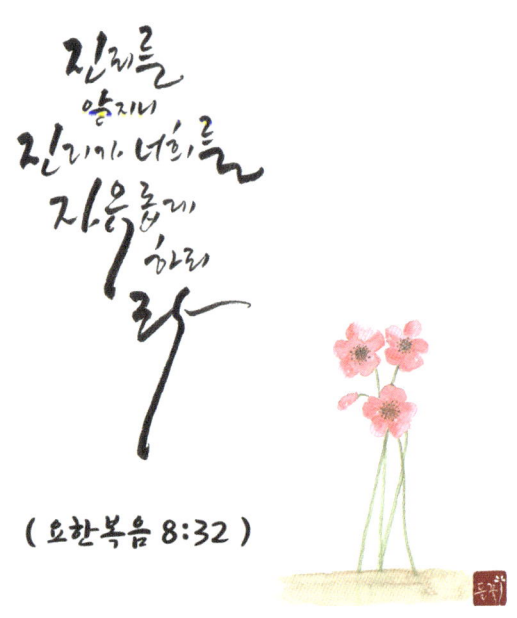

(요한복음 8:32)

'진리를 알지니 진리가 너희를 자유롭게 하리라'
인생의 근원이 되는 말씀입니다.
인생이 무엇이고, 어떤 인생을 살아야 하는가? 묻게 됩니다.
다양한 의견들을 말하고 답을 내리지 못할 수도 있는 질문이지만,
성경은 말합니다.
진리 되시는 예수님을 인격적으로 알아가고
예수님을 닮아가는 삶을 살아간다면,
그 안에서 자유롭게 될 것입니다.

> 예수께서 이르시되
> 나는 부활이요
> 생명이니
> 나를 믿는 자는
> 죽어도
> 살겠고
>
> (요한복음 11:25)

부활과 생명의 원천이 어디에 있는지 밝히는 중요한 말씀입니다.
예수님이 부활과 생명이 되시기에 그분 안에 있는 사람들은
더 이상 두려워 할 것이 아니라 담대하게 인생을 살아갈 수 있습니다.
당신을 두렵게 하는 것이 있습니까?
죽음의 위기에 봉착할 정도로 큰 어려움이 있습니까?
부활과 생명의 근원이 되셔서 죽은 자도 살리시는 예수님의 능력을 의지합시다.

> 새 계명을
> 너희에게 주노니
> 서로 사랑하라
> 내가 너희를
> 사랑한 것 같이
> 너희도
> 서로 사랑하라
>
> (요한복음 13:34)

살아가면서 서로 상처를 주고받는 일들이 많이 있습니다.
관계에서 오는 상처는 누군가를 미워할 뿐만 아니라
내 안에서도 곪아서 더 큰 상처를 남깁니다.
이 상처를 향해서 우리는 선포해야 합니다.
내가 너희를 사랑한 것 같이 너희도 서로 사랑하라
누군가에서 사랑을 선포하는 기준이 예수님께서 우리를 사랑하심입니다.
내가 사랑할 수 있는 능력이 있어서 사랑하는 것이 아니라
예수님의 능력으로 사랑을 선포하고 사랑하는 자리로 나아갑시다.

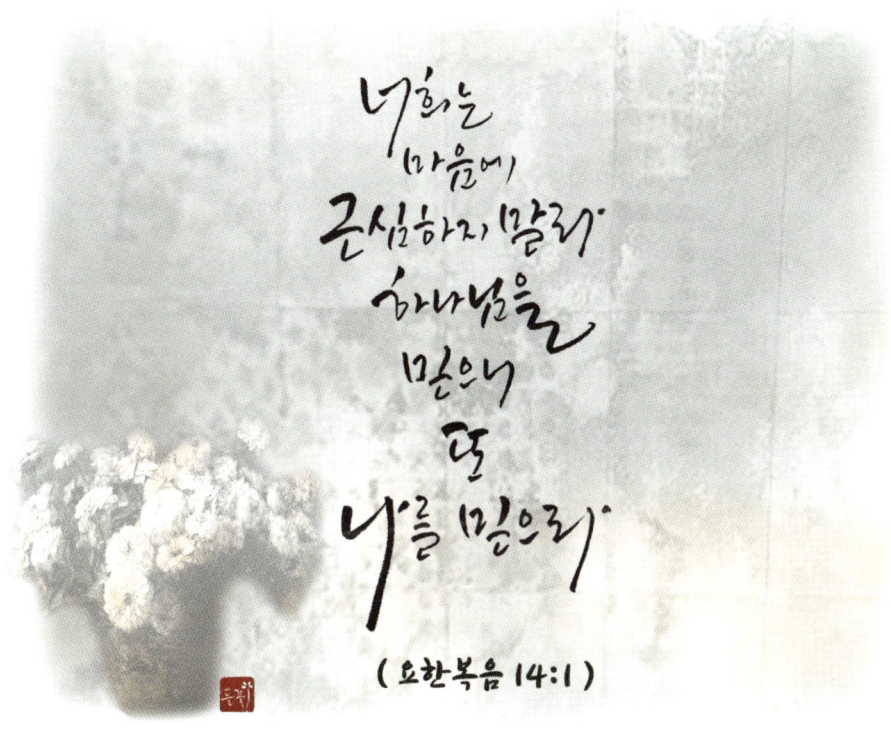

마음에 근심이 없는 사람이 있을까요?
지금 당신은 어떤 근심에 사로잡혀 있습니까?
우리는 근심하면서 내 안에서 답을 찾으려 합니다.
그러나 근심하는 대부분의 일들은 스스로 해결 할 수 없는 것이며,
급하게 결정하고 행동에 옮길 때 오히려 실수 할 때가 많습니다.
예수님은 우리를 향해서 근심하지 말라고 말씀합니다.
그리고 하나님을 믿을 것을 선언합니다.
우리의 근심의 우물에만 갇혀 있지 말아야 합니다.
우리의 생각을 초월하시는 하나님을 믿음으로 모든 근심을 하나님께 맡기면,
하나님께서 일하십니다.

> 평안을 너희에게 끼치노니
> 곧 나의 평안을 너희에게 주노라
> 내가 너희에게 주는 것은
> 세상이 주는 것과 같지 아니하리라
> 너희는 마음에 근심하지도 말고
> 두려워 하지도 말라
>
> (요한복음 14:27)

'마음이 지쳐서 기도할 수 없고 눈물이 빗물처럼 흘러내릴 때'
찬양의 가사처럼 마음이 지쳐서 기도 할 수 없고
하염없이 눈물이 흘러내리는 절망스러울 때가 있습니다.
내 인생을 생각하면 비참한 인생이고 평안은 찾아 볼 수 없을 때,
예수님은 우리에게 찾아오셔서 말씀하십니다.
'평안의 시작은 네 속에 있는 것이 아니라 나에게 있다'
예수님 안에서 은혜를 경험하고 평안을 누리면 근심과 두려움이 사라집니다.

이것을 너희에게
이르는 것은
너희로 내 안에서
평안을
누리게 하려 함이라
세상에서는
너희가 환란을 당하나
담대하라
내가 세상을
이기었노
라

(요한복음 16:33)

세상에서 우리는 환란을 당합니다.
세상의 험한 폭풍우를 피해갈 수 있는 사람은 아무도 없습니다.
그러나 그 폭풍우를 온 몸으로 받아내면서도 우리는 담대할 수 있습니다.
그 이유는 예수님이 세상을 이기셨기 때문입니다.
세상을 이기시고 환란 가운데서도 담대하라고 선포하는 예수님은
우리를 평안의 길로 인도하십니다.

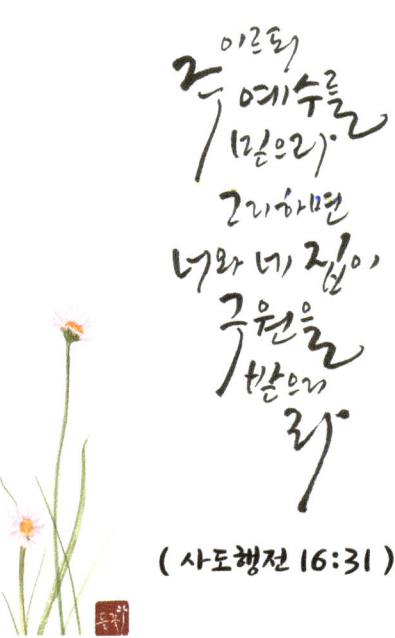

(사도행전 16:31)

믿지 않는 가족을 위해 기도할 때
하나님께서 속히 응답해주시길 바라지만,
때로는 기도를 포기하고 싶을 정도로
기도할 때 맥이 빠질 때가 있습니다.
그러나 우리는 믿지 않는 가족들을 위해서
끝까지 포기하지 않고 기도해야 합니다.
눈물의 기도를 통해 하나님의 애통하는 마음을 깨닫고
한 사람을 통해 온 가족이 주님 앞에 돌아오는
은혜를 경험하게 될 것입니다.

> 우리가 아직 죄인되었을 때에 그리스도께서 우리를 위하여 죽으심으로 하나님께서 우리에 대한 자기의 사랑을 확증하셨느니라
>
> (로마서 5:8)

인생을 살아가다보면 실수할 때가 많이 있습니다.
실수가 반복되면 주눅이 들어 자존감도 낮아지죠.
하나님 앞에서도 잘 살아보고 싶은 마음이 있지만,
반복되는 죄에 빠져 하나님으로부터 멀어져 있다고 느낄 때가 있습니다.
그러나 하나님은 늘 우리 곁에 가까이 있습니다.
하나님은 우리가 죄인이었을 때부터
자기의 사랑을 확증하신 분이시기 때문입니다.
당신을 향한 사랑의 확증은 지금 이순간에도 당신의 마음을 두드리고 있습니다.

이와 같이
성령도 우리의
연약함을 도우시나니
우리는 마땅히
기도할 바를 알지
못하나
오직 성령이
말할 수 없는
탄식으로 우리를
위하여
친히 간구하시
느니라

(로마서 8:26)

기도의 자리에서 기도하려고 해도 한마디 못하고
앉아서 탄식 할 때가 있습니다.
한 마디 하지 못하는 내 모습이 한심해 보일 때도 있습니다.
그 때 억지로 말하면서 기도하려고 애쓰지 말고
우리의 연약함을 도우시는 성령님께 귀를 기울입시다.
우리가 기도할 바를 알지 못할 때,
성령님은 말할 수 없는 탄식으로 우리를 위해서 간구해 주십니다.

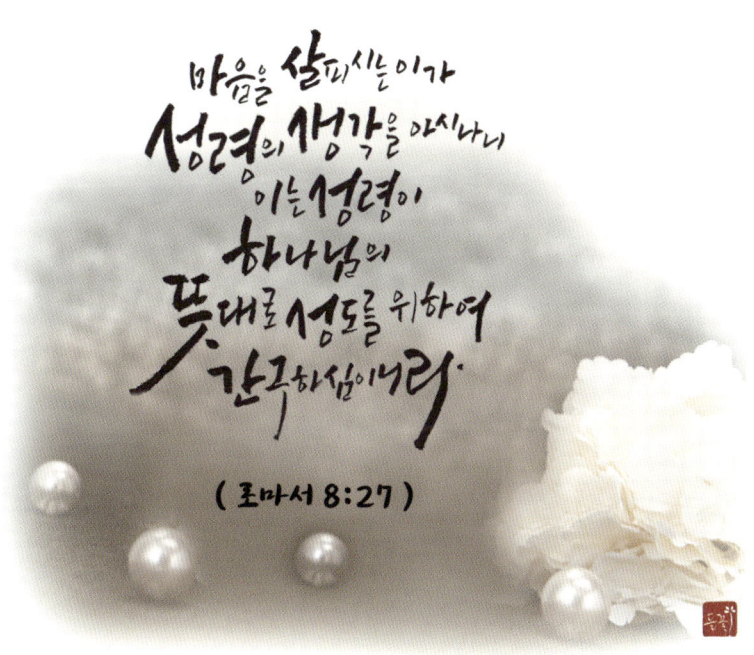

(로마서 8:27)

아무도 내 마음을 몰라줄 때가 있습니다.
눈물을 흘리며 지새운 밤이 깊어도
그 마음을 토로할 사람이 아무도 없을 때가 있습니다.
그 때 우리의 생각을 아시는 분이 있습니다.
성령님은 우리의 마음을 살피시고 생각을 하셔서
하나님 앞에 우리를 위해 간구하십니다.
'성령님 내 마음 아시죠?'
성령님은 이 순간에도 성도를 위하여 간구하십니다.

> 우리가 알거니와
> 하나님을 사랑하는 자
> 곧 그의 뜻대로 부르심을
> 입은 자들에게는
> 모든 것이 합력하여
> 선을 이루느니라

(로마서 8:28)

'내가 걷는 이 길이 혹 굽어도는 수가 있어도
내 심장이 울렁이고 가슴아파도 …
내가 세운 계획이 혹 빗나갈지 모르며
나의 희망 덧없이 쓰러질 수 있지만'

찬양의 가사입니다.
내가 선택하고 걸어가고 있는 이 길이 맞는 길일까?
마음을 정할 수 없을 때가 있습니다.
그 때 다시 한 번 이 일이 하나님의 뜻 안에 있는지 묻고,
하나님의 뜻 안에 있는 것이라면
모든 것을 합력하여 선을 이루시는
실수하지 않으시고 신실하신 하나님을 의지합시다.

> 내가 확신하노니
> 사망이나 생명이나 천사들이나
> 권세자들이나 현재일이나
> 장래일이나 능력이나 높음이나
> 깊음이나 다른 어떤
> 피조물이라도
> 우리를 우리 주 그리스도
> 예수 안에 있는
> 하나님의 사랑에서
> 끊을 수 없으리라
>
> (로마서 8:38~39)

인생의 큰 어려움이 있을 때,
하나님께서 정말 나를 사랑하실까? 묻게 됩니다.
기도를 하면서 하나님의 응답을 기다려도 하나님의 응답이 더딜 때,
하나님께서 나를 버리신 것이 아닐까 생각하게 됩니다.
바울은 확신하며 말합니다.
사망, 생명, 천사, 권세자들, 현재일이나 장래 일이나
능력이나 높음이나 깊음이나, 다른 어떤 피조물이
그리스도 예수 안에 있는 우리들을 하나님의 사랑에서 끊을 수 없으리라

(로마서 10:17)

예수님을 믿고 구원을 얻는 것은 큰 기쁨입니다.
이 기쁨을 누리고 있습니까?
만약 구원의 기쁨이 사라졌다면,
내가 처음 예수님을 믿게 되었던 순간을 떠올려 봅시다.
복음을 전해준 사람들에게 감사하며,
말씀을 가까이 할 때 우리의 믿음이 회복되며
구원의 기쁨이 샘솟아 날 것입니다.

> 너희는 이 세대를
> 본받지말고
> 오직 마음을 새롭게
> 함으로 변화를 받아
> 하나님의 선하시고
> 기뻐하시고
> 온전하신 뜻이
> 무엇인지
> 분별하도록
> 하라
>
> (로마서 12:2)

"구원을 받은 성도는 어떤 삶을 살아야 할까요?"
바울은 영적 예배의 삶을 살아야 한다고 말합니다.
그리고 이 세대를 본받지 말고 마음을 새롭게 함으로 변화를 받아
하나님의 선하시고 기뻐하시고 온전하신 뜻이 무엇인지
분별하며 살아야 한다고 말합니다.
이것은 우리의 생활양식이 철저하게
하나님의 뜻에 있어야 하는 것을 강조합니다.
세상 풍조에 휩쓸려 살아가는 것이 아니라 하나님의 뜻을 묻고
분별하는 삶을 살아야 합니다.

하나님의 나라는
먹는 것과
마시는 것이 아니요
오직
성령 안에
있는
의와 평강과
희락이라

(로마서 14:17)

하나님의 나라는 하나님께서 통치하시는 나라입니다.
하나님께서 주인 되십니다.
그러나 우리는 하나님 나라 안에 살면서 하나님의 주인 되심을 인정하지 않고,
먹고 마시는 것에만 관심을 둘 때가 많습니다.
우리가 하나님의 나라 안에서 살아간다면, 우리는 하나님을 삶의 중심에 두고
내 삶의 주인이 하나님이 되심을 고백해야 합니다.
그렇게 될 때, 성령 안에서 의와 평강과 희락의 은혜를 누리게 됩니다.

> 소망의 하나님이
> 모든 기쁨과 평강을 믿음
> 안에서
> 너희에게
> 충만하게 하사
> 성령의 능력으로
> 소망이
> 넘치게 하시기를
> 원하노라
>
> (로마서 15:13)

세상에서 소망을 품고 살아갈 때,
인생의 활력을 경험하게 됩니다.
그러나 소망이 사라지면 그 인생은 절망이 됩니다.
절망의 인생이 어떻게 소망의 인생이 될까요?
그것은 소망의 하나님이 우리의 인생을 붙들면 됩니다.
소망의 하나님께서 우리에게
기쁨과 평강을 믿음 안에서 충만하게 하시고
성령의 능력으로 소망이 흘러 넘치게 하실 것입니다.

영적인 싸움을 하고 있습니까?
이 싸움에서 우리가 먼저 기억해야 할 것은
하나님께서 사단의 머리를 상하게 하신 승리한 싸움이라는 것입니다.
우리는 승리한 싸움에서 하나님의 자녀로 영적인 싸움을 하는 성도입니다.
영적인 싸움을 마친 후 우리는 '평강의 하나님'을 외칠 것입니다.

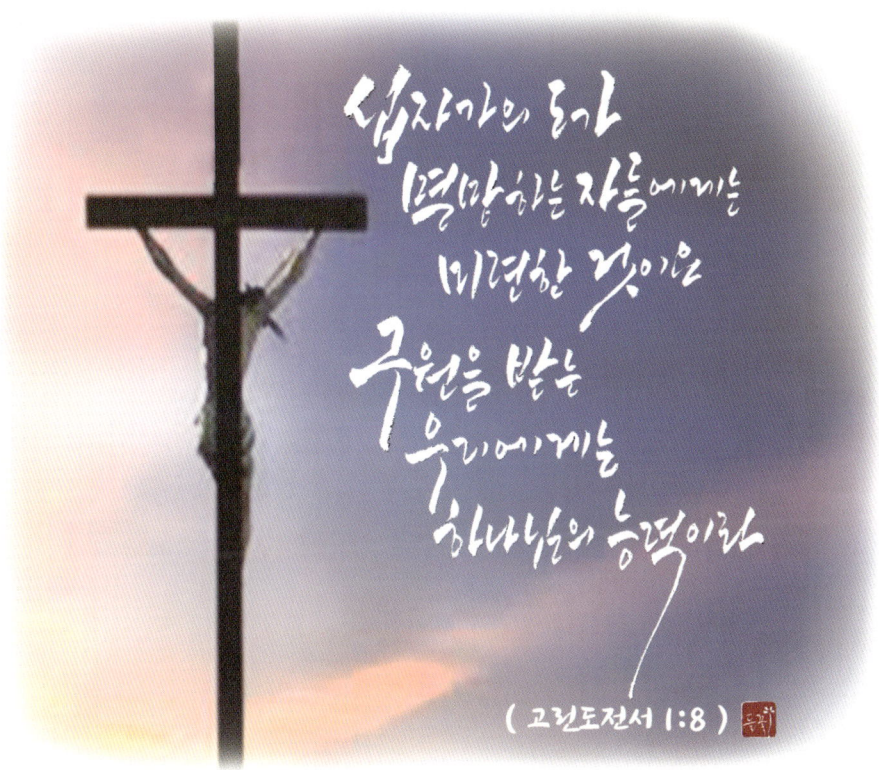

(고린도전서 1:8)

당신의 삶 속에 '하나님의 능력'이 나타나고 있습니까?
신앙생활을 하면서 '하나님의 능력'이 경험되지 않고
때로는 하나님의 능력에 대하여 의심을 가질 때가 있습니다.
바울은 하나님의 능력의 근거가 어디로부터 출발하는지 분명하게 말합니다,
그것은 '십자가의 도'입니다.
십자가의 도는 '그 십자가의 말씀'이라는 뜻입니다.
구원받은 우리의 삶에 하나님의 능력이 나타나지 않는다면,
십자가의 말씀에서 우리가 멀어져 있기 때문입니다.
어떠한 이유에서든 우리의 삶 속에 하나님의 능력이 경험되지 않고
영적인 침체 속에 있다면 예수 그리스도의 말씀을 붙들어야 합니다,
십자가의 말씀은 우리를 살리고, 우리의 삶에 하나님의 능력이 나타나게 합니다.

> 사람이 감당할 시험 밖에는
> 너희가 당한 것이 없나니
> 오직 하나님은 미쁘사 너희가
> 감당 못할 시험 당함을
> 허락하지 아니하시고 시험당할 즈음에
> 또한 피할 길을 내사
> 너희로 능히 감당하게
> 하시느니라
>
> (고린도전서 10:13)

감당 할 수 없는 어려움이 몰려올 때가 있습니다.
인생의 무게가 무거워서 이제는 한계치에 도달했고,
더 이상 하루를 버틸 힘도 없을 때가 있습니다.
바울은 성도를 위로하며 하나님 안에서 감당할 수 있다고 말합니다.
이것은 감당할 수 있는 능력을 받아서 당장 극복할 수 있는 것을
말하지는 않습니다.
비록 상황이 극복되지 않더라도 우리는 미쁘신 하나님을 신뢰하며 버틸 수 있고,
버틸 수 없을 때에는 미쁘신 하나님께서 피할 길을 열어주신다는 것입니다.
우리가 시험을 당할 때 기억해야 하는 것은
'미쁘신 하나님'이 나와 함께 하고 있다는 것입니다.
하나님은 시험을 견딜 수 있도록 도우시고, 피할 길도 예비하십니다.

그런즉
믿음, 소망, 사랑
이 세가지는
항상 있을 것인데
그중에 제일은
사랑이라

(고린도전서 13:13)

당신은 사랑받기 위해 태어난 사람입니다.
그러나 인생을 살아가면서 '과연 내가 사랑을 받고 있을까?'
'사랑을 받을만한 존재인가?' 물으며,
한 없이 자존감이 낮아질 때가 있습니다.
하나님은 분명하게 말씀하십니다.
'내가 너를 사랑한단다. 내가 너를 사랑한단다.'
하나님의 사랑이 회복되면, 믿음과 소망은 따라옵니다.
사람과의 관계도 사랑이 회복되면,
믿음과 소망이 다시 회복됩니다.

> # 찬송하리로다
> 그는 우리 주
> 예수그리스도의
> 하나님이시요
> 자비의 아버지시요
> 모든 위로의 하나님
> 이시며
>
> **(고린도후서 1:3)**

우리는 3가지를 기억하며 하나님을 찬양해야 합니다.
첫째, 하나님은 우리 주 예수 그리스도의 하나님입니다.
둘째, 하나님은 자비의 아버지입니다.
셋째, 하나님은 모든 위로의 하나님입니다.

지금의 어려움을 하나님께서 알고 있으실까?
하나님 앞에 나아가도 기도 할 수 없을 때,
이렇게 선포하며 도움을 구하는 기도를 합시다.
'나의 하나님은 구원자입니다.
나의 하나님은 자비의 아버지입니다.
나의 하나님은 위로의 하나님입니다.'

> 우리의 모든 환란
> 중에서
> 우리를 위로하사
> 우리로 하여금
> 하나님께 받는
> 위로로써
> 모든 환란중에
> 있는 자들을
> 능히 위로하게
> 하시는 이로다
>
> (고린도후서 1:4)

하나님은 우리 인생의 일부분만 개입하시지 않습니다.
모든 상황 속에서 역사하시는 분입니다.
그렇기 때문에 모든 환란을 알고 있으시며,
모든 환란 중에서 우리를 위로하시는 분입니다.
그리고 우리는 하나님께 받은 위로를 통해서 환란가운데 있는
성도를 위로할 수 있습니다.
혼자만 느끼는 고통일 수 있습니다.
그러나 하나님의 위로를 경험하고 그 위로를 나눌 때,
그 고통은 함께 나눌 수 있는 위로가 됩니다.

> 우리가 환란 당하는 것도 너희가 위로와
> 구원을 받게 하려는 것이요 우리가 위로를 받는 것도
> 너희가 위로를 받게 하려는 것이니 이 위로가
> **너희 속에 역사하여**
> 우리가 받는 것 같은
> **고난을 너희도**
> **견디느니라**
>
> (고린도후서 1:6)

바울과 그의 일행은 전도여행을 하면서 많은 환란을 당했지만,
그 환란 속에서도 위로를 받았다고 말합니다.
그리고 고린도 교인들에게 고난을 당할지라도 하나님께서 위로와
구원을 베푸실 것이기 때문에 견디라고 말합니다.
바울이 이렇게 고난 중에 위로와 믿음의 인내를
소망할 수 있는 것은 무엇일까요?
그것은 바울이 그리스도와 연합해 있었기 때문입니다.
우리가 당하는 환란을 하나님의 위로와 구원의 능력으로,
견디는 힘은 예수 그리스도와 연합에서 시작됩니다.

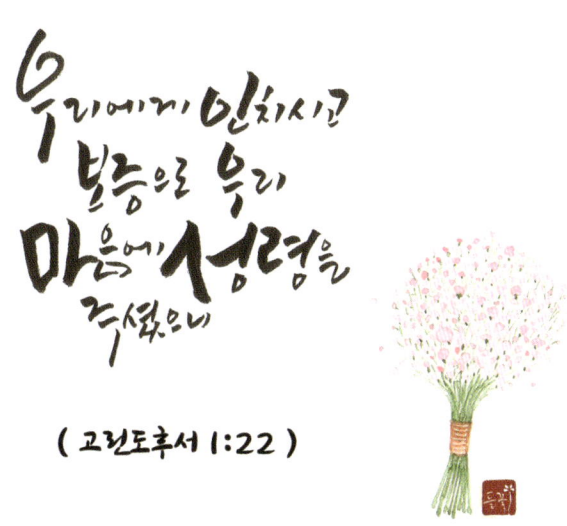

(고린도후서 1:22)

하나님은 우리를 그리스도 안에서 굳건하게 하시고
성령으로 인치시고 보증하시는 분입니다.
때로는 믿음이 연약해지고,
신앙의 뿌리가 송두리째 흔들리는 것 같이 힘겨울 때,
성령님은 우리의 소유권이 하나님께 있음을 확인시켜 주십니다.
우리의 주인이시며, 아버지 되시는 하나님께서 우리를 붙들고 있고,
그리스도를 통해서 굳건하게 다시 세워 주실 것을 말씀하십니다.
흔들리는 상황 속에서 성령의 음성에 귀를 기울여봅시다.

> 그러므로 우리가 낙심하지 아니하노니 우리의 겉사람은 낡아지나 우리의 속사람은 날로 새로워지도다
>
> (고린도후서 4:16)

나이가 들면서 우리의 육체는 쇠약해집니다.
건강했던 몸이 여러 질병을 갖게 되고, 약을 먹어도 잘 회복되지 않습니다.
바울은 이렇게 우리의 육체가 낡아진다고 말합니다.
그러나 쇠약해지고 병들어가는 육체이지만,
낙심하지 않는 것은 우리의 속사람이 날로 새로워지기 때문입니다.
우리가 주목하는 것은 보이는 것이 아니며, 보이지 않는 영원한 것입니다.
영원한 것을 바라보며 하나님과 깊은 교제를 통해
속사람이 날로 새로워지는 은혜를 누려야 합니다.

그런즉
누구든지 그리스도 안에
있으면
새로운 피조물이라
이전 것은 지나갔으니
보라 새것이 되었도다.

(고린도후서 5:17)

우리가 새로운 피조물이 되는 것은
그리스도 안에서 그리스도와 연합하기 때문입니다.
우리의 죄를 속죄하기 위해 십자가에서 죽으시고 부활하신
예수님을 통해서 우리는 죄로부터 해방되며,
하나님의 자녀로 새 생명을 얻는 새로운 피조물이 됩니다.
바울은 에베소서 4장 24에서 새로운 피조물을
'의와 진리의 거룩함으로 지으심을 받은 자'라고 말합니다.
우리는 그리스도 안에서 거룩해진 새로운 피조물입니다.
예수님을 믿기 이전의 삶이 아무리 좋았더라도 지나가는 것이며,
옛 사람의 모습입니다.
그리스도 안에서 새로운 피조물의 기쁨이 우리에게 있습니다.

> 우리의 싸우는 무기는 육신에 속한 것이 아니오
> 오직 어떤 견고한 진도 무너뜨리는
> 하나님의 능력이라
>
> (고린도후서 10:4)

인생이 평탄할 때도 있지만, 전쟁과 같은 인생을 살아갈 때가 있습니다.
바울도 우리의 인생이 늘상 싸움이 있는 전쟁과 같다고 비유합니다.
전쟁에서는 싸우기 위해 무기가 필요합니다.
좋은 무기를 가지고 있으면 전쟁에서 이길 확률이 높아집니다.
믿음을 가지고 살아가는 성도는 전쟁과 같은 인생에서
어떤 무기를 가지고 싸워야 할까요?
바울은 우리의 무기는 눈에 보이는 강한 무기나
잘 훈련된 육체가 아니라고 말합니다.
우리의 무기는 어떤 견고한 진도 무너뜨리는 하나님의 능력이라고 말합니다.
하나님의 능력!
내 삶에 그 어떤 문제들도 하나님의 능력으로 헤쳐나갈 수 있습니다.

> 형제들아 기뻐하라
> 온전하게 되며 위로를 받으며 마음을 같이하며
> 평안할지어다 또 사랑과 평강의
> 하나님이 너희와
> 함께 계시리라

(고린도후서 13:11)

바울은 고린도 교인들에게 보내는 편지를 마무리 하면서 기뻐하라고 합니다.
고린도교회가 당면한 문제를 보면 기뻐할 수 없는 문제들이 많이 있습니다.
특히 교회 내 아볼로파, 게바파, 그리스도파로 나뉘어
교회 분열의 위기도 겪고 있습니다.
그럼에도 불구하고 바울은 하나님께서 공동체를 온전하게 하고,
위로할 것이기 때문에 기뻐하라고 합니다.
또한 서로 마음을 같이할 것과 사랑과 평강의 하나님이
공동체와 함께 계심을 전합니다.
우리는 교회에서 신앙생활 하면서 관계의 어려움이나
교회 안에서 부패한 모습을 보기도 합니다.
이 상황에서 우리는 기도해야 합니다.
'하나님, 우리 공동체를 온전하게 하시고 위로하여 주옵소서.
서로 마음을 같이 하게 하시고, 평안함이 회복되며,
사랑과 평강의 하나님이 우리와 함께 계심을 경험하게 하옵소서'

> 우리가 선을 행하되
> 낙심하지 말지니
> 포기하지 아니하면
> 때가 이르매 거두리라
>
> (갈라디아서 6:9)

선한 일을 하다가 낙심할 때가 있습니다.
그러나 낙심하지 말고 포기하지 맙시다.
하나님은 선한 일을 할 수 있는 힘을 다시 한 번 공급하시며,
때가 이르면 열매도 거두게 하십니다.
열매를 거두는 시점을 인간의 판단으로 정하지 말고,
하나님의 때에 있음을 기억하며
하나님의 때에 거둘 것이라는 확신으로
선을 행하는 삶을 살아갑시다.

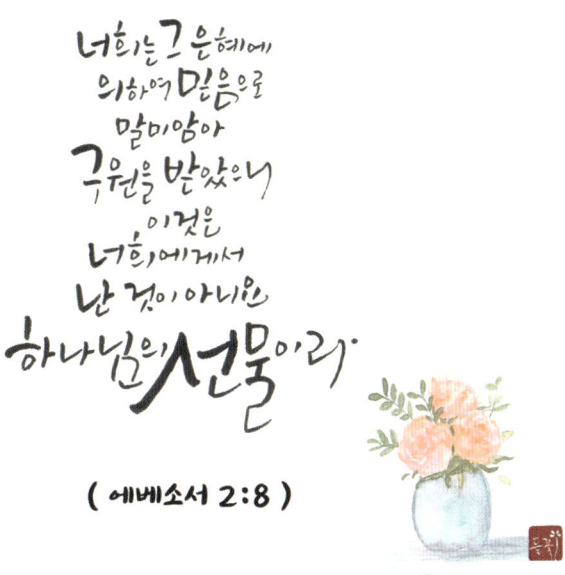

(에베소서 2:8)

구원은 하나님의 은혜의 선물입니다.
이것은 우리 인생을 향한 하나님의 가장 큰 선물입니다.
이 선물을 받은 감격이 있습니까?
선물 상자는 하나님의 사랑으로 아름답게 포장되어 있고,
선물 상자를 열면 예수님의 사랑이 가득 채워져 있습니다.
그것은 말씀입니다.
인생을 살아가면서 믿음이 흔들릴 때,
성령님은 말씀을 통해 하나님을 뜻을 알게 하시고
믿음을 견고하게 하십니다.
하나님의 선물은 영원합니다.

(에베소서 2:22)

우리의 삶은 성령 안에서 하나님이 거하실 처소가 되기 위하여
그리스도 예수 안에서 함께 지어져 가는 것입니다.
그리고 함께 지어져 갈 때, 성도 자신의 힘으로 되는 것이 아니라,
예수 안에서, 성령을 의지하며 지어져 가는 것입니다.
결국 우리의 인생은 내 힘으로 살아가는 것이 아닙니다.
내가 움켜 잡고 있는 것을 내려놓고 성령의 능력을 힘입어
하나님의 능력으로 지어져가는 인생이 되어야 합니다.
내려 놓는 연습이 필요합니다.

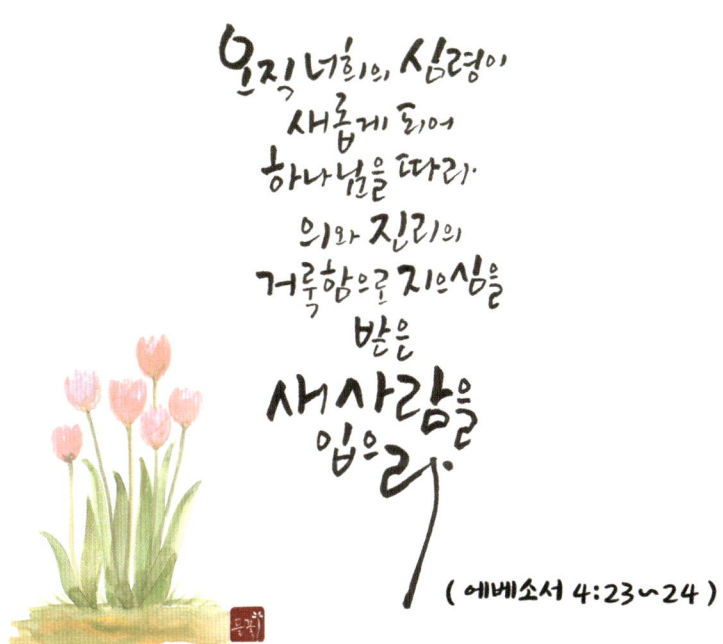

(에베소서 4:23~24)

우리는 예수 그리스도를 내 삶의 주인으로 인정하며,
하나님의 자녀의 삶을 살아갑니다.
새로운 피조물이 된 우리는 심령이 새롭게 되고,
하나님의 의와 진리의 거룩함으로 지음을 받은 새 사람입니다.
그러나 신앙생활을 하면서 자존감이 한 없이 낮아질 때,
내 모습에서 의와 진리의 거룩함의 새 사람의 모습이 과연 있을까 묻게 됩니다.
신앙생활을 진단해 봐야 할 때가 있습니다.
우리의 인생이 세상의 유혹, 욕심을 따라 옛사람의 모습으로 살아간다면,
새 사람의 모습이 보이지 않을 수 있습니다.
그래서 바울은 '새 사람을 입으라'고 선포합니다.
심령이 새로워지고 새 사람의 삶을 살아가도록 기도합시다.

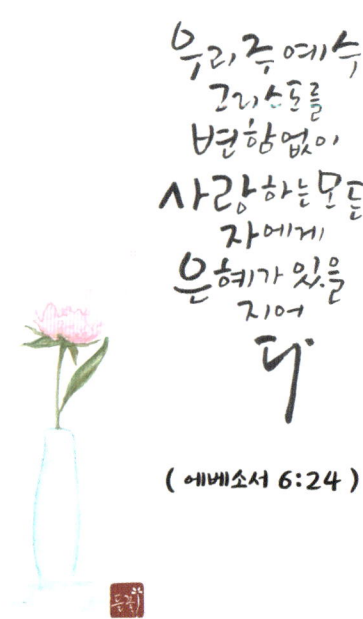

(에베소서 6:24)

바울은 에베소에 보내는 편지를 마무리하면서,
예수 그리스도를 변함없이 사랑하는 모든 자에게 은혜가 있을 것입니다
라고 말합니다.
예수님은 십자가의 사랑으로 우리에 대한 사랑을 확증하셨습니다.
그 사랑을 받은 우리 또한 예수 그리스도를 변함없이 사랑하며
은혜를 누려야 하는 성도입니다.
하나님의 사랑이 느껴지지 않을 때,
예수 그리스도에 대한 십자가의 사랑이 식어졌을 때,
은혜가 없는 삶이 됩니다.
은혜를 회복하도록 예수 그리스도에 대한 사랑을 소리내어 고백합시다.

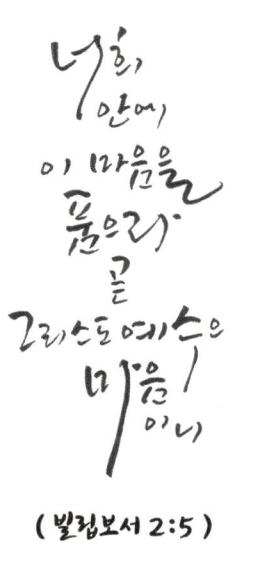

(빌립보서 2:5)

성도가 꼭 품어야 하는 마음이 있다면, '그리스도 예수의 마음'입니다.
이 마음은 겸손한 마음입니다.
바울은 예수님의 마음을 이렇게 표현합니다.
"예수님은 하나님의 본체시나 하나님과 동등됨을 취하지 않고 자기를 비워
종의 형제를 가지며 사람들과 같이 되셨습니다.
그리고 자기를 낮추시고 죽기까지 복종하셨으며 십자가에서 죽으셨습니다."
성도는 예수님과 같이 낮아지는 마음을 품어야 합니다.
그렇게 낮아질 때,
하나님께서 예수님을 모든 이름 위에 뛰어난 이름으로 높여주시듯
우리도 하나님의 영광스러운 자리로 높여주실 것입니다.
살아가면서 낮아지는 자리에 실망하지 마십시오.
낮아진 자리에서 더 낮아진다 할지라도 하나님께서 높이실 것입니다.

> 아무것도
> 염려하지 말고
> 다만 모든 일에
> 기도와 간구로
> 너희 구할 것을
> 감사함으로
> 하나님께 아뢰라
> 그리하면 모든 지각에
> 뛰어난
> 하나님의 평강이
> 그리스도
> 예수 안에서
> 너희 마음과 생각을
> 지키시리라
>
> (빌립보서 4:6~7)

염려가 없는 사람은 없습니다. 지금 품고 있는 염려가 있습니까?
바울은 빌립보 교인들에게 염려가 있음에도 불구하고,
염려하지 말고 염려의 자리에 기도와 간구로 채울 것을 부탁합니다.
그리고 구할 기도제목이 있다면 아직 얻어지지 않았지만,
감사함으로 하나님께 기도하라고 합니다.
그렇게 기도할 때, 하나님께서는 간구하는 기도의 제목을
바로 들어주시지는 않지만, 하나님의 평강이 그리스도 예수 안에서
우리의 마음과 생각을 지킬 것이라고 합니다.
기도의 응답은 우리가 기도하는 것이 당장 이루어지는 것이 아닙니다.
기도의 응답은 하나님께서 우리의 마음과 생각을 지키는 것입니다.

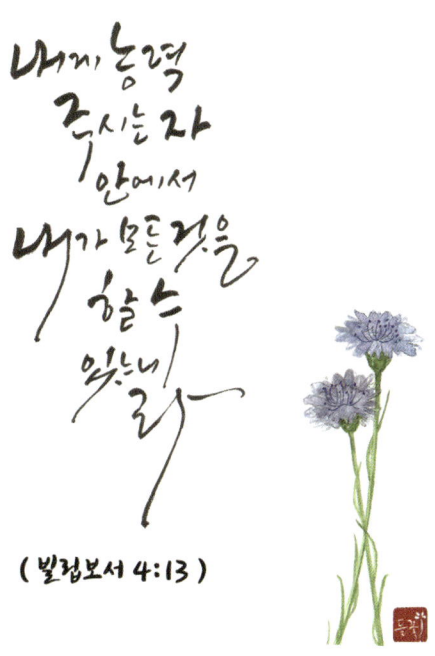

(빌립보서 4:13)

하나님께 받은 사명을 다 감당할 수 있을까?
연약한 마음이 들 때가 있습니다.
이제는 더 이상 아무것도 할 수 없다고
생각되어 포기하고 싶을 때가 있습니다.
그러나 우리에게 맡기신 하나님의 사명은
우리가 감당 할 수 있는 것이며,
감당할 수 있는 능력도 주십니다.
우리는 하나님의 능력으로 사명을 감당할 수가 있으며,
내게 주어진 일을 할 수 있습니다.

골로새서는 바울이 로마에서 갇혀 지내던 1차 투옥기간 동안
골로새 교인들에게 쓴 편지입니다.
감옥에서 평강이 없을 것 같지만,
바울은 그 안에서도 그리스도의 평강에 붙들려 있었고,
골로새 교인들에게 그리스도의 평강이 마음을 주장해야 한다고 말합니다.
힘든 상황들을 버티고 이겨낼 수 있는 힘의 원천은
내 마음을 그리스도의 평강으로 채우는 것입니다.
그리스도의 평강이 우리의 마음을 주장하도록 합시다.

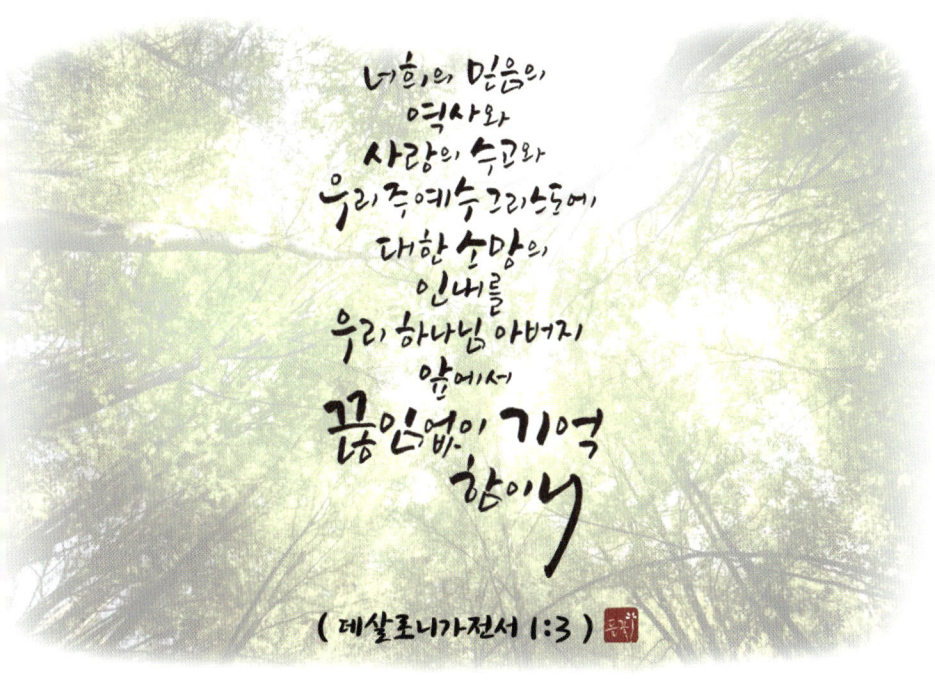

바울은 데살로니가 성도들을 생각하며 3가지를 감사합니다.
'믿음의 역사, 사랑의 수고, 소망의 인내'입니다.
그리고 이 3가지를 하나님 아버지 앞에서 끊임없이 기억한다고 합니다.
교회를 위해서 헌신하고 봉사 할 때 시험에 들기도 합니다.
섬기는 모든 일들을 내려놓고 싶을 때가 있습니다.
서로 함께 일을 하다가 상처를 받을 때가 있습니다.
그 때 한 사람 한 사람에 주목하며 서로의 마음을 살펴야 합니다.
믿음의 역사와 사랑의 수고와 소망의 인내는
개개인이 각개전투 하는 싸움이 아니라 서로가 함께 해야 하는 일입니다.

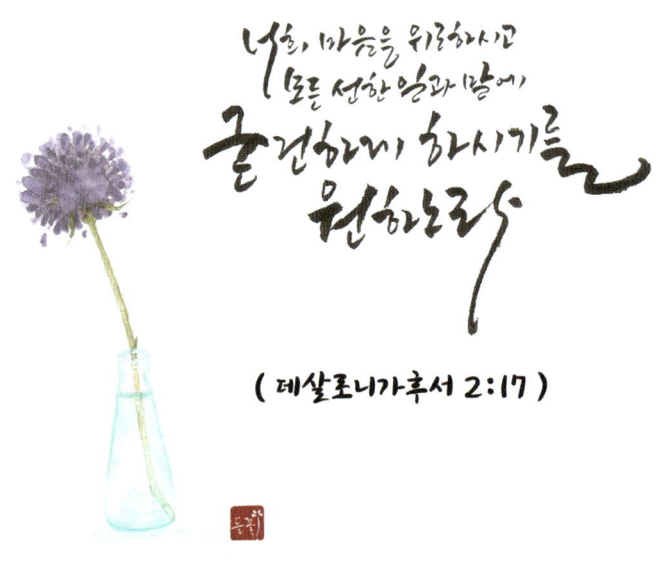

(데살로니가후서 2:17)

정말 힘들 때는 누군가 지나가면서 하는 빈 말도 마음의 큰 상처로 남습니다.
정말 위로가 필요할 때 '괜찮아'라는 말 한 마디가 듣고 싶을 때가 있습니다.
그러나 아무도 나에게 찾아와서 위로해주지 않는다면,
우리를 위로하시고 굳건하게 하시는 하나님을 바라봅시다.
하나님은 우리의 위로자가 되시며 마음을 다시 한 번 견고하게 하실 것입니다.
그리고 당신에게 하나님의 선한 일을 맡기십시오.

(데살로니가후서 3:5)

마음이 흔들릴 때,
누군가 나에게 찾아와 마음을 잡아주길 바랍니다.
당신의 마음이 안정되지 않고 흔들리게 하는 것이 있습니까?
하나님은 당신에게 찾아오셔서
흔들리는 마음을 붙드시고 인도하실 것입니다.
그리고 그 마음을 하나님의 사랑으로 가득 채우십니다.

> 하나님이
> 우리에게 주신 것은
> 두려워하는 마음이 아니요
> 오직 능력과 사랑과
> 절제하는 마음이니
>
> (디모데후서 1:7)

두려움이 사로잡히면, 현실을 바로 볼 수 없습니다.
나에게 닥쳐온 고난을 이겨낼 힘도 없습니다.
아무것도 할 수 없을 때, 무기력하고 두려워하는 순간에도
하나님은 우리에게 찾아오셔서 두려워하는 마음을 담대하게 하시고,
하나님의 능력과 사랑으로 채우십니다.
그리고 절제하는 마음을 주셔서 마음을 다스리고
두렵게 하는 세상을 하나님의 눈으로 보게 하십니다.

우리를 강하게 하는 것은
오직 그리스도 예수 안에서 은혜를 누릴 때입니다.
내가 예수님 안에서 살아가고 있는지
예수님을 외면하고 살아가고 있는지 점검해야 합니다.
성도는 예수님 안에 있을 때 은혜가 있고,
그 은혜로 인해 믿음이 강해집니다.
매 순간 그리스도 예수를 기억하고 가까이 나아갑시다.

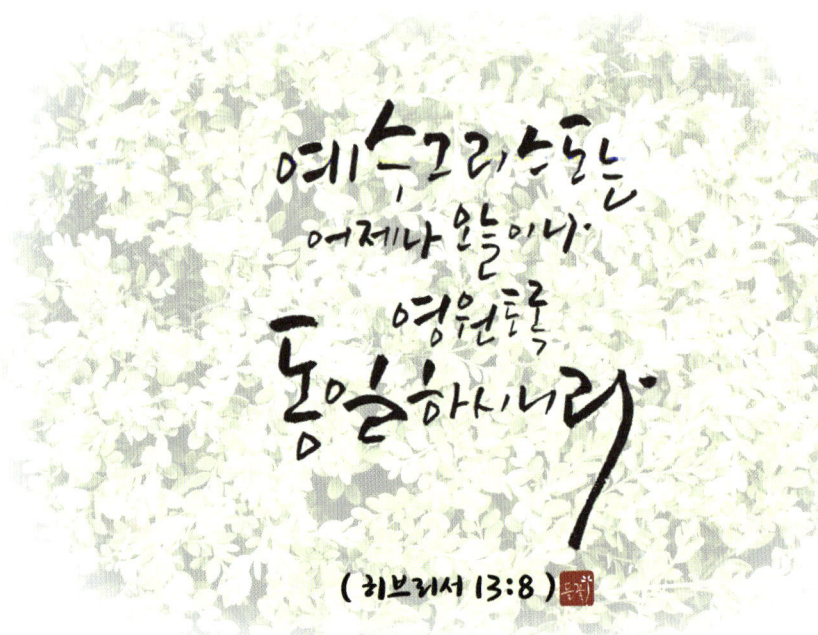

나도 나를 사랑할 수 없을 때,
나를 생각하면 할수록 이해되지 않고 미워질 때가 있습니다.
그러나 예수님은 어제나 오늘이나 영원토록 동일하게
우리를 지키시고 사랑하십니다.
주님의 사랑은 한결같은 사랑입니다.

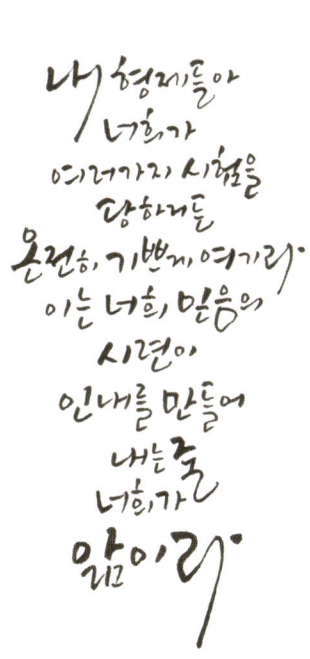

(야고보서 1:2~3)

인생의 장애물은 언제나 있습니다.
허들경기처럼 넘어도 또 있고, 넘어도 또 넘어야 하는 경주와 같습니다.
야고보는 여러 가지 시험을 당해도 기쁘게 여기자고 말합니다.
이 시험은 분명 믿음의 시련이지만 이 시간들을 통해 인내를 배우고,
크고 작은 시험을 이길 수 있는 영적인 근육이 생기게 되기 때문입니다.

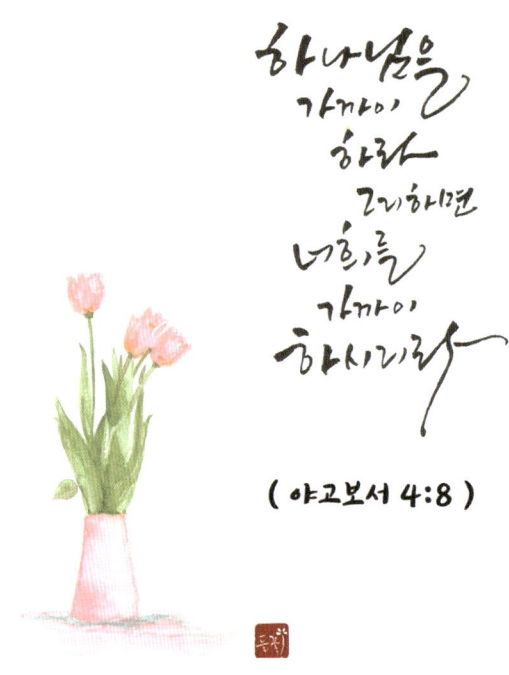

(야고보서 4:8)

하나님을 가까이 하는 것은 복된 삶입니다.
나는 포도나무요 너희는 가지라 그가 내 안에,
내가 그 안에 거하면 사람이 열매를 많이 맺나니
나를 떠나서는 너희가 아무 것도 할 수 없음이라(요15:5)
우리는 하나님을 떠나서는 아무것도 할 수 없습니다.
하나님 안에 거할 때 우리는 열매를 맺을 수 있습니다.
하나님을 더 이상 멀리하지 말고 가까이 합시다.
세상을 바라보는 관점이 달라지게 되고 평안의 눈을 가지게 됩니다.

> 그러나
> 너희는 택한 족속이요
> 왕 같은 제사장들이요
> 거룩한 나라요
> 그의 소유가 된 백성이니
> 이는 너희를 어두운 데서 불러내어
> 그의 기이한 빛에 들어가게 하신 이의
> 아름다운 덕을 선포하게 하려 하심이라
>
> (베드로전서 2:9)

우리는 하나님의 택하신 족속이요
왕 같은 제사장들이요 거룩한 나라입니다.
그리고 우리의 소유권은 하나님께 있습니다.
우리의 인생에 대한 소유권이 나에게 있는 것이 아니라
하나님께 있음을 알고 주인 되시는 하나님을 바라봐야 합니다.
우리의 주인 되시는 하나님께서
우리의 필요를 아시고 채워주시며
빛 가운데로 인도하실 것입니다.

> 사랑하는 자들아
> 우리가 서로 사랑하자
> 사랑은 하나님께
> 속한 것이니
> 사랑하는 자마다
> 하나님으로부터 나서
> 하나님을 알고
> 사랑하지 아니하는 자는
> 하나님을 알지 못하나니
> 이는 하나님은
> 사랑이심이라
>
> (요한1서 4:7~8)

사랑은 하나님께 속한 것입니다.
우리가 누군가를 사랑할 수 없을 때,
하나님의 사랑을 기억합시다.
그리고 그 사랑으로 서로 사랑합시다.
하나님은 사랑이십니다.

에필로그

    그대는 지금까지 배워 온 가르침을 계속 좇아가십시오. 이 가르침들이 진실이라는 것은 그대 스스로 알 것입니다. 그리고 그대가 믿을 만한 사람들이 그대에게 이것을 가르쳤습니다. 그대는 어려서부터 성경을 알았는데, 이 성경은 그대를 지혜롭게 하여 그리스도 예수를 믿는 믿음을 통해 구원을 얻게 하였습니다. 모든 성경 말씀은 하나님께서 감동을 주셔서 기록되었기 때문에 진리를 가르쳐 주며, 삶 가운데 무엇이 잘못되었는지 알게 해 줍니다. 또한 그 잘못을 바르게 잡아 주고 의롭게 사는 법을 가르쳐 줍니다. 말씀을 통해 하나님을 바르게 섬기는 자로 준비하게 되고, 모든 좋은 일을 할 수 있는 사람으로 자라게 됩니다.

(쉬운 성경-디모데후서3:14~17)

    캘리바이블365는 온사랑교회(담임목사 장홍기)에서 함께 사역하던 목사님들이 날마다 한 구절씩 묵상한 글을 캘리그라피로 쓰고 그린 365편의 말씀 중 상권입니다. 목사님들은 온사랑교회에 전도사로 부임하여 시무하면서 목사 안수를 받았고 주일학교와 청장년부, 또 교구를 담당하면서도 많은 손길이 필요한 교회 곳곳에서 헌신하고 수고하셨습니다. 지금은 내일교회와 우이동교회로 사역지를 옮겼지만 있는 그 자리에서 복음을 위하여 땀흘리는 현장에 풍성한 사역의 열매들이 있기를 기원하며 이 출판물이 작지만 귀한 선물이 되기를 기대합니다.

사역하는 동안 교회에서 진행되는 해외단기선교와 제자훈련 리더로써 백일일독성경학교,신구약파노라마, 신구약성경대학, 교리대학 등의 강사로써 교회를 섬기면서, 건강한 교회로,믿음이 신실한 주님의 제자들로 한 명, 한 명 세워져 가는 것을 보며 우리에게 주신 하나님의 영광과 복음의 능력으로 부흥하는 현장을 보는 것은 참 뜻 깊은 일이었습니다.

또한 기억에 남는 것은 매주 수요예배에 한 주씩 목사님들이 릴레이로 한 장씩 설교하는 창세기 강해 말씀은, 최초의 독자들인 출애굽 한 이스라엘 백성을 향한 하나님의 마음이 지금 이 시대에 우리에게도 부어지는 말씀으로 경험되어지는 크신 은혜의 시간이었습니다.

이 지면을 통하여 사역기간동안 교회를 사랑하며 다음세대를 위해 쏟았던 목사님들의 열정에 감사의 뜻을 전하며 송이꿀 같았던 말씀들을 책으로 펴내며 바쁜 일정가운데 말씀을 캘리그라피로 작업해 준 들꽃 한미옥 작가에게 감사하고 시간을 내어 표지를 디자인 해 준 임세라 집사에게 감사를 전합니다.

또 금번 캘리바이블365에 함께 참여하여 시편과 잠언의 말씀의 묵상을 나누어 주신 김광효 목사님은 연세대학교 원주캠퍼스 앞에서 로고스교회를 개척하여 대학생들과 함께 예배를 드리고 있습니다. 북한에 무너진 교회 회복을 위하여 기도하며 통일이 되고 남북관계가 진전이 있다면 개풍군 삼거리교회 건축을 하고자 하는 비젼을 가지고 있는 데, 그 로고스 교회를 기도하며 협력하는 온사랑교회 목사님들과 함께 묵상 글을 나누게 된 것도 의미있고 감사한 일입니다.

무엇보다 감사한 것은 이 책의 출판을 축하하며 추천사를 주신 교수님들과 목사님들께 감사드리며, 이 모든 출판과정을 인도하시고 함께 하신 하나님께 모든 영광을 올려 드립니다.

　날마다 한 구절의 말씀을 필사하고 그리며 묵상한 [캘리바이블 365]가 독자들에게 부어주시는 하나님의 위로와 격려가 있기를 바라고 성령님의 감동으로 기록된 말씀을 통해 그 분의 마음을 알고 뜻을 깨달아 가는데 작은 도움이라도 되기를 간절히 소망합니다. 여호와를 경외하는 지혜와 여호와 하나님을 아는 명철이 탁월해 짐으로 말미암아 말씀대로 살아가고 말씀의 성취가 나타나는 삶을 살아내는 능력으로 충만해지기를 축복합니다.

2019년 9월

펴낸이　심 재 성